新视野·文化遗产保护论丛

文化遗产保护资源普查

单霁翔 著

天津大学出版社
TIANJIN UNIVERSITY PRESS

图书在版编目（CIP）数据

文化遗产保护资源普查 / 单霁翔著 .—天津：天津大学出版社，2017.2（2024. 5 重印）
（新视野 · 文化遗产保护论丛 . 第二辑）
ISBN 978-7-5618-5775-5

Ⅰ . ①文… Ⅱ . ①单… Ⅲ . ①文化遗产—保护—中国—文集 Ⅳ . ① G122-53

中国版本图书馆 CIP 数据核字（2017）第 037176 号

策划编辑 金　磊　韩振平
责任编辑 刘　焱
装帧设计 谷英卉

出版发行 天津大学出版社
地　　址 天津市卫津路 92 号天津大学内（邮编：300072）
电　　话 发行部：022-27403647
网　　址 publish.tju.edu.cn
印　　刷 永清县晔盛亚胶印有限公司
经　　销 全国各地新华书店
开　　本 148mm × 210 ㎜
印　　张 7.75
字　　数 277 千
版　　次 2017 年 2 月第 1 版
印　　次 2024 年 5 月第 2 次
定　　价 58.00 元

自序：把工作当学问做 把问题当课题解

“新视野·文化遗产保护论丛”出版在即，出版社嘱我写一个自序。心怀往昔，愿以时间为轴写出自己简短的感言，希望聚焦有启迪意义的文化历程，也希望表达充满真情实感的“乡愁”。

2011年8月25日清晨接到通知，我将要离开工作近10年的国家文物局，到故宫博物院工作。消息突然，没有精神准备。记得当天上午工作日程是在中国文化遗产研究院做专题报告。一路上，10年来的工作情景在脑海中闪过，想到在走向新的岗位之前，应该对以往工作进行回顾，负责任地进行工作交接，于是到会场后便放弃了已经准备好的多媒体演示内容，改为讲述参与中国文化遗产保护的体会，将近两个小时的畅谈，仍感意犹未尽，充满着回望与寻觅的思绪。

如今看来，当年的工作状态可谓“不堪回首”。就在接到通知那天之前的一周内，还经历了“南征北战”的过程：8月18日在吉林长春为市、县政府领导培训班做文化遗产保护报告；8月20日在西藏拉萨参加中国西藏文化论坛；8月21日在四川雅安参加茶马古道保护研讨会；8月23日和24日在福建福州分别参加全国生态博物馆、涉台文物保护总体规划评审，国家水下文化遗产保护中心福建基地启动，三坊七巷社区博物馆揭牌等活动。

一周数省，这就是当年常态化的工作状况。是什么力量支撑着自己一路前行？除了文物人“敢于担当、乐于奉献”的情结外，恐怕最主要的就是“把工作当学问做、把问题当课题解”的工作方法。不断出现的问题、不断凸现的矛盾和不断涌现的挑战，将时间撕裂成一块块“碎片”，甚至一天之内要进行几次“脑筋急转弯”。如果不能针对闪过的想法及时停下来思考、面对发现的问题及时静下来反思，就会陷于疲于应付、不堪重负的境地。城乡建设大规模展开的时期，必然是文化遗产保护最紧迫、最关键的历史阶段。只有“把工作当学问做、把问题当课题解”，才能在复杂的情况下，夯实基础，居安思危，防患未然；在困难的情况下，深思熟虑，心中有数，底气十足；在紧急的情况下，头脑清醒，敢于直面，坚守底线。

“把工作当学问做、把问题当课题解”的工作方法，需要持之以恒，读书、思考、写作、归纳，早已成为每天的必修课。无论是在考察途中的汽车里，还是在往返的飞机上，抑或是在家中的书桌前，以电脑为伴，将考察的感想、调研的体会、阅读的心得及时记录下来。正是因为这一次次的梳理思绪、深化认识，长期下来，居然积攒下上千万字的记录，包括论文、报告、访谈、提案，林林总总，其中既有“一吐为快”的真实感受，也有“深思熟虑”的肺腑之言，还有“临阵磨枪”的即席表达。将它们汇集起来，既是一个时期实践经验的点滴记载，也是一个时代文化遗产事业的综合纪实，还是一个文化遗产保护工作者不息生命的心灵写作。面对这些海量且繁杂的“原生态”记录，早已萌生出按照内容进行分类归纳的愿望。所幸天津大学出版社伸出援手，以“新视野·文化遗产保护论丛”为名，按照不同内容进行分辑分册，涉及文化遗产保护基础建设、文化遗产保护项目实施和文物博物馆事业发展等诸多方面。

一路走来，吴良镛教授的学术思想始终像一座灯塔照亮我前行的方向。“把工作当学问做、把问题当课题解”，源于吴良镛教授所倡导的“融贯的综合研究”理论框架。就是力图从更广阔的视野、更深入的角度，分析和梳理文化遗产之间的内在联系，探索和建立新的文化遗产类型和相应的保护方式，使制约文化遗产事业发展的重点、难点和瓶颈问题不断得以有效解决。实践证明：文化遗产保护、城市文化建设、博物馆发展，在方法上、尺度上、内容上虽然各有不同，但是三者有着共同的研究对象，三位一体进行“融贯的综合研究”，则可以呈现出中国特色文化遗产保护的新视野。

从1984年进入城市规划部门以来已经30余载，从1994年进入文物系统以来也已经20余年，其间有不少令人难忘的回忆。有幸在职业生涯的最后一站，来到故宫博物院，一方面继续享受紧张工作带来的压力和挑战，另一方面得以将几十年来积累的体会应用于具体实践。今天，更为突出的感受是，只有“把工作当学问做、把问题当课题解”，且加强全程管理，才能使每一项工作都与细节管理挂起钩来，把桩桩件件事情都做得细之又细，才能获得持续发展的后劲。

北京时间2014年6月22日15时19分，从卡塔尔首都多哈传来喜讯，在第38届世界遗产委员会会议上，中国大运河被列入《世界遗产名录》。30分钟后，跨国联合申报的“丝绸之路：长安—天山廊道的路网”也顺利通过评审。作为大运河和丝绸之路保护与申报的参与者和见证者，我格外激动和自豪。2015年5月5日，从文化遗产保护现场又传来好消息，世界文化遗产——大足石刻千手观音造像抢救性保护修复工程竣工，看到“前方”传来修复后的美轮美奂的千手观音造像影像，我激动不已。回想2008年“5·12汶川大地震”后的第8天，我们从四川地震重灾区赶到重庆大足，看望已经800岁高龄的千手观音造像，看到早已满目疮痍的文物本体又被地震殃及，当即决定开展抢救保护工作，将其列为石窟类保护的“一号工程”，如今千手观音造像再现“慈祥的微笑”，得以功德圆满。的确，每当昔日的努力成就今日的收获，都是文化遗产保护工作者最幸福的时刻。

2006年6月10日，我们曾以无比喜悦的心情迎来了中国第一个“文化遗产日”。10年的奋争，10年的坚守，10年的耕耘，10年的收获。再过半个多月，我们又将以无限期待的心情，迎来中国第十个“文化遗产日”。谨以“新视野·文化遗产保护论丛”献给这一节日，献给长期以来用智慧和汗水呵护文化遗产的文博同人，祝愿祖国的文化遗产永葆尊严；献给长期以来用真情和热心关注文化遗产的社会民众，祝中华文化遗产事业蓬勃发展。

2015年5月25日

目录

在全国重点文物保护单位记录档案备案工作培训班结业式上的讲话

（2003年12月6日）

全国重点文物保护单位记录档案备案工作第二期培训班经过10天紧张的培训、学习，今天顺利结束。

这个培训班的主要内容是研讨、学习全国重点文物保护单位记录档案相关标准和档案编制的实际操作。培训班一共举办了两期，在两期的学习培训期间，教员耐心细致地讲授和辅导，学员们认真学习并实际操作，而且以省（自治区、直辖市）为单位，以作业的形式，实际编制了一套《全国重点文物保护单位记录档案（教学本）》。应该说，通过培训，学员们不仅掌握了相关的理论知识，而且学会了记录档案的编制，达到了我们举办培训班的预期目的。

全国重点文物保护单位记录档案备案工作是文物事业的一项重要基础工作，也是国家文物局和全国文物博物馆系统的一项重点工作。下面，结合培训班的学习，我再讲几点意见。

一、充分认识全国重点文物保护单位记录档案备案工作的意义

《中华人民共和国文物保护法》第十五条规定：全国重点文物保护单位记录档案，由省、自治区、直辖市人民政府文物行政部门报国务院文物行政部门备案。从这个意思上说，做好全国重点文物保护单位记录档案备案工作，是各级文物行政部门，包括我们每个文物工作者的法定职责，是我们贯彻“保护为主、抢救第一、合理利用、加

强管理”文物工作方针，履行法律赋予职责的重要内容和依据。

从技术层面上看，全国重点文物保护单位记录档案备案工作还是摸清我国不可移动文物家底的一项重要措施，也是在一些极端情况下（如自然灾害、盗窃、战争等），文物遭到破坏后进行维修、追索的重要依据。这方面的例子很多，我们仅以北京历代帝王庙保护工程为例。前几年，北京历代帝王庙要维修，因缺乏资料，不得不以50万元人民币的价格向社会公开征集。中国文物研究所得知此事后，将所藏（20世纪20—30年代调查所得）一套完整的历代帝王庙的照片、图纸、拓片及文字资料，提供给工程使用，对历代帝王庙保护工程的顺利进行起到了相当大的作用。由此可见，完整齐全的档案是多么的重要。

全国重点文物保护单位记录档案备案工作绝不是一项可有可无的工作，也不是可早做、可晚做的“软任务”，而是一项法定的、必须按时完成的“硬任务”，是促进我国文物事业步入更加科学、更加规范的轨道的一个重要步骤。我们计划用三年时间（2003—2005年）将1271处全国重点文物保护单位记录档案全部汇集、整理、归档保管，建立“国家全国重点文物保护单位记录档案库”和“国家全国重点文物保护单位记录档案数据库”。这项工作完成后，将实现全国重点文物保护单位记录档案的数字化管理，同时为其他文物保护工作提供基础支持。各级政府和文物系统干部、职工一定要充分认识这项工作的重要意义，根据国家文物局的安排部署，认真、按时、高质量地完成这项法定任务。为促进相关工作，我们将在近期把此项工作的进展情况向全国做一通报，表扬先进，督促后进。

二、建立一支训练有素的队伍是按时、高质量完成记录档案备案工作的基本保障

全国重点文物保护单位记录档案编制、备案工作，是一项科学性

很强的工作。要做好这项工作，必须建立一支既懂文物，又懂档案，还会操作、使用电脑的训练有素的专门队伍。我们举办“全国重点文物保护单位记录档案备案工作培训班”的主要目的之一就是为各省、自治区、直辖市培养一批具备较高技能的记录档案工作人员。这些工作人员不仅自己能够承担档案的编制、管理工作，而且能够作为教学人员承担起本地区记录档案人员的培训工作。我相信，通过大家的共同努力和全国重点文物保护单位记录档案备案工作的实践，三年后我们不仅能够建成“国家全国重点文物保护单位记录档案库”和“国家全国重点文物保护单位记录档案数据库”，同时也能锻炼出一支训练有素的记录档案备案工作队伍。这支队伍将长期从事文物保护单位记录档案工作，保障这项工作稳定健康发展。

三、做好基层全国重点文物保护单位记录档案备案工作人员培训工作

学员们回到各地后要立即向所在单位汇报，尽快做出各自的“全国重点文物保护单位记录档案备案工作培训计划”，并按计划开展对本地区记录档案工作人员的培训。培训要结合第五批全国重点文物保护单位记录档案的编制来进行，保证在2004年年底之前将合格的第五批全国重点文物保护单位的记录档案报到中国文物研究所备案。

全国重点文物保护单位记录档案备案工作是一项十分烦琐、艰巨，同时也是十分光荣的任务。我希望，在座的各位学员回去以后，能够积极投入到全国重点文物保护单位记录档案备案相关工作中，并发挥骨干作用，为圆满完成这项工作做出应有的贡献。我期待着在全国重点文物保护单位记录档案备案工作总结表彰大会上再次与大家见面。

在第六批全国重点文物保护单位专家评审会上的讲话

（2005 年 5 月 17 日）

评审第六批全国重点文物保护单位是国家文物局 2004 年和 2005 年两年来的一项重点工作。根据工作计划，我们在 2004 年年初就开展此项工作向国务院做出了专题报告，部署、要求各省级文物主管部门于 2004 年 10 月底以前编制、报送推荐材料。今年前几个月，我们又对申报材料做了整理，为召开这次专家评审委员会会议做了必要的准备。下面，我就此项工作讲几点意见。

第六批全国重点文物保护单位专家评审会

一、评审、公布第六批全国重点文物保护单位是一件很有意义、非常必要的工作

新中国成立以来，各级政府对文物保护工作十分重视。1961 年、1982 年、1988 年、1996 年和 2001 年，国务院分五批公布了共计 1271 处全国重点文物保护单位。实践证明，将不可移动文物分别公布为各级文物保护单位，不仅符合我国国情和文物工作实际，而且极大地促进了我国文物保护工作。特别是由国务院将那些具有重大历史、艺术、科学价值的文物公布为重点文物保护单位更充分体现了国务院对我国文化遗产的重视和相关决策的正确。这对于继承和发扬民族优秀文化传统、宣传唯物史观、弘扬爱国主义精神、增强民族凝聚力、建设和谐社会都具有十分重要的意义。同时，公布全国重点文物保护单位也是对地方各级政府和广大民众的保护文化遗产的宣传和教育，提高了全民保护文物的责任感和自觉性。

全国重点文物保护单位除受国家法律保护以外，还受到国家最高行政管理部门的管理，从而有力地保证了文物的安全。比如，大家熟知的第一批 180 处全国重点文物保护单位经历“文革”十年仍能比较完整地留存至今，其最主要的原因之一就是它们有“全国重点文物保护单位”这样一个“护身符”。确定为全国重点文物保护单位的文物古迹不仅具有了受法律严格保护的法律地位，而且还要依法划定保护范围，树立保护标志，建立保护组织和保护档案，从而也为文物的研究和合理使用奠定了科学的基础。总之，评审、公布全国重点文物保护单位，对于推动我国的文物保护工作起到了十分重要的作用，产生了很好的社会效益，在国际上也产生了很好的影响。

公布全国重点文物保护单位工作取得了很大的成绩，效果很好。

但是我们应清醒地认识到，由于历史条件的限制，我们以往公布全国重点文物保护单位的工作中也还存在一些不足，因此，继续评审和公布全国重点文物保护单位是十分必要的。

首先，我国的全国重点文物保护单位数量偏少。在世界四大古代文明中，只有中华民族的文明得到不间断的延续发展。我国文物古迹遗存十分丰富，据不完全统计，全国已知的不可移动文物有 40 万处左右，而全国重点文物保护单位目前却仅有 1271 处，与我国文明古国的历史地位及现存文物数量不相适应。这种不适应对于我国丰富而珍贵的文化遗产的保护也是不利的。今天，我们没有必要担心列入文化遗产保护的内容和数量太多，和人类共同的需要相比，和我们子孙后代的需求相比，在这个每时每刻都在变化的世界上，可供我们保护的文化遗产不是太多，相反，却是太少。我们有理由紧急行动起来，争分夺秒地为当代，更为后代把那些难得的、反映人类社会进程的文化遗产抢救下来，把更多的文化遗产列入保护之列。目前，随着我国经济建设的持续快速发展，处理好文物保护与经济建设关系的问题非常突出。在一些地方破坏文物古迹的现象还比较严重。大量文物古迹遭到“房地产开发”“旧城改造”和“危旧房改造”的威胁和破坏，法人违法的现象日益增多；甚至一些犯罪分子也乘机盗窃盗掘古遗址、古墓葬，造成的损失非常严重。在这样严峻的形势下，确定新的一批全国重点文物保护单位，可以进一步督促各级政府对文化遗产依法进行有效保护，加大打击文物犯罪的力度。

其次，在早年的全国重点文物保护单位评审工作中，为了在控制数量的同时照顾省际的平衡，一些文物相对集中省份中的重要文物未能被列为全国重点文物保护单位，并因此受到一定的损失，这是令人十分痛心的。尽管从公布第五批全国重点文物保护单位开始我们就已注意解决这个问题,但是从整体上看仍有继续完善的余地。

再次，已经公布的全国重点文物保护单位的门类还不够全面或者门类之间仍存在较大的不平衡。例如，在全国重点文物保护单位中反映各少数民族、民俗、近现代文化生活、经济活动等方面的文物还比较少，这些情况均应该加以改善。文化遗产的保护领域还应不断扩大。我们已经认识到对那些体现不同时代、不同民族、不同地域的文化景观、文化线路，对那些在群体上更能体现人与自然的和谐，更能作为社会发展生动例证的历史文化村镇、历史文化街区，同样应当给予更多的关注和呵护。同时我们也注意到，在文化遗产保护工作中，尊重文化多样性，也逐渐成为世界潮流。因此，我们要注重对这些文化遗产保护领域新成员的研究，切实加强对它们的保护。

甪直古镇

金华市诸葛村

二、关于评审过程中需要探讨的问题

我们参照以往的工作经验和成果草拟出了这次评审的原则和标准，并已经分送给各位专家研究，请大家就此充分发表意见，以便修改、完善。这个标准就是我们这次评判某一申报单位是否可以被推荐为全国重点文物保护单位的准绳，希望各位专家给予足够的重视。

在全国重点文物保护单位评审的标准上，建议各位专家要注意，被评审单位首先必须具有历史的真实性，是有物可看、有事可述的真实的历史遗物；其次，必须具有突出的“历史、艺术、科学价值”，并且时代准确，性质特征明确，保存情况较好；再次，必须有较强的代表性，能反映某一类文化或者某一地区、某一时代、某一民族独特的生产、生活状况和文化特征等。

需要强调的是，这次评审要特别注意文物本身的价值。如对一些虽然还不是省级文物保护单位、但是又具有特别重要价值的文物，可以“破格”将其确定为全国重点文物保护单位；不要因为考虑地区平衡等因素而舍弃那些自身价值已达到全国重点文物保护单位标准的文物；同时还要注意候审单位的基础工作情况，如档案、保护标志和范围、保护机构的建立、公布情况等，目的是通过全国重点文物保护单位的评审促进文物保护单位的基础工作。

另外，在这次申报的和在前几批已经公布的全国重点文物保护单位中,有些保护单位实际上是一个大的保护单位的不同组成部分。对于这类情况，从第四批全国重点文物保护单位开始已经用合并的办法予以认定。实践证明，这种做法较好。它不仅解决了全国重点文物保护单位名额限制问题，而且随着认识的深入也逐步解决了相关单位的完整性问题。需要特别说明的是，长城的山海关、八达岭、嘉峪关等十多处重要段落已经被国务院公布为全国重点文物保护单位，长城作为一个整体也已列入《世界遗产名录》。这次是否能报请国务院将长城作为一个整体统一公布为全国重点文物保护单位，请各位专家予以关注、讨论，并提出具体意见。

再有一点，我们在各地考察调研时，总体来说，各级政府和文物部门对于申报全国重点文物保护单位这项工作是积极的，但是也有个别地区领导至今仍然没有把文化遗产看作当地的珍贵财富和资本，而是将文化遗产视为影响城市建设和地区发展的包袱，更错误地指示当地文物部门不得将某处文物古迹申报全国重点文物保护单位。如福建省福州市的三坊七巷，因为房地产开发的破坏，目前只剩下了二坊五巷，但是仍然具有重要的保护价值。如江西省景德镇市的御窑遗址，市委书记当着我们的面公然叫嚣，阻止其申报全国重点文物保护单位，理由是成为全国重点文物保护单位后将会影响城市开发建设。再如“五一”期间我们考察南水北调工程中文物保护工作情况途径徐州市时，了解到在徐州博物馆附近的一处房地产开发工地上，考古工作者发现了西汉时期的采石场遗址，具有重要保护价值。但是房地产开发工程的施工仍在进行，危及文物的安全。根据《文物保护法》第二章第十三条“国务院文物行政部门在省级、市、县级文物保护单位中，选择具有重大历史、艺术、科学价值的确定为全国重点文物保护单位,或者直接确定为全国重点文物保护单位，报国务院核定公布”的规定，国家文物局可以根据某处文物古迹的价值，直接确定上报国务院核定公布。但是这一做法如何取得较好的效果，也请各位专家给予指导。

评审全国重点文物保护单位是全国各级政府、文物部门及社会各界都非常关心、关注的一项工作，希望各位专家本着实事求是、公平、公正的原则做好这项工作。评审工作又是一项费神费力的工作，工作量大、时间紧，希望各位专家注意劳逸结合，保重身体。

在文物保护事业欣欣向荣的春夏之交，我们在这里评审第六批全国重点文物保护单位，这次评审的结果也是国务院公布新的一批全国重点文物保护单位的基础。由国务院公布新的一批全国重点文物保护单位不仅对提高我国文物保护工作的水平，进一步促进文物保护事业的发展十分必要，而且对我国进入世界文物保护先进国家的行列也具有十分积极的促进作用。我相信，经过各位专家的共同努力，这项工作一定会取得圆满成功。

在文物调查及数据库管理系统建设项目试点工作总结会上的讲话

（2005年6月13日·辽宁沈阳）

今天我们在这里召开文物调查及数据库管理系统建设项目试点工作总结会，系统回顾和总结三年来的工作和取得的成果。会议听取了试点工作情况介绍和专家考察评估报告，观看了项目成果和前景演示，对项目实施过程和工作成效取得了基本认识和了解。下面我就该项目的进展情况和下一步工作安排讲几点意见。

文物调查及数据库管理系统建设项目试点工作总结会

一、项目成果和基本经验

（一）启动试点工作的背景

以文化遗产的保护抢救、合理利用为己任的文物博物馆事业，如何利用高新技术手段，整合文物信息资源，服务于全面建设小康社会的伟大实践，已成为我们在新时期面临的一项重大历史任务。

我国文物保护工作取得了较大成绩，但是总体而言，还不能适应文物博物馆事业发展需要，存在着底数不清，建档工作不完备，保护设施不达标以及安全隐患、自然损坏等问题。特别是我们的文物保护管理工作科技含量还不高，宏观管理力度不够，迫切需要引进先进的管理理念和技术手段改进和提高工作水平。

针对我国文物博物馆事业的实际情况，自 2001 年起，财政部和国家文物局及时启动了“文物调查及数据库管理系统建设”项目。其目的是以数字化手段调查、完善我国文物博物馆领域的国情资料，建立并运行动态的文物数据库管理系统，为各级政府及有关部门及时、准确地掌握文物保护与管理状况，制订相关工作计划，充分发挥文物资源的价值和作用，提供科学依据和可靠保证。

（二）试点工作取得的主要成果

2001 年 9 月开始，在财政部的大力支持下，国家文物局相继在山西、河南、辽宁、甘肃四省开展“文物调查及数据库管理系统建设”项目试点工作。三年多来，在四省财政、文物部门及中国文物信息咨询中心的密切协作下，试点工作已取得显著的阶段性成果，突出表现在以下几个方面。

1. 摸清馆藏珍贵文物家底，完善文物基础资料建设

长期以来，馆藏文物家底不清是困扰我们的“老大难”问题。

国家文物局组织实施了多次全国文物普查工作，投入大量人力物力，但是由于工作手段相对滞后，效果不够理想。这次试点工作采用数字化手段，基本完成了四省馆藏珍贵文物的信息采集，共采集馆藏文物154万多件（其中珍贵文物近40万件）、图片资料70余万份，在文物本体信息的采集内容、数量质量、保管方式、管理利用等方面，均比以往有较大突破。

2. 数据库管理系统建设初具规模

三年来，国家财政共投入8000万元，保证了国家和试点省两级文物数据中心建设。同时建立了以国家数据中心管理平台等软件为支撑，采集、存储、传输、管理等硬件设施为基础，多级网络节点为体系的馆藏文物数据库管理系统。随着试点工作的逐步深化，信息网络平台建设将日臻完善，文物数字化规模将不断扩大，为构筑先进文化阵地，传播先进文化，实现文物资源的全社会共享，创造了前所未有的便利条件。

3. 研究制定了适应数字化工作要求的标准规范，推动文物保护管理水平迈上新台阶

运用数字化手段开展馆藏文物的调查，是文物保护管理工作领域里的一场革命，在思想观念、工作手段、管理模式等方面引发了巨大变革。试点省和中国文物信息咨询中心结合工作实际，制定了包括项目管理、工作规范、技术标准在内的一系列科学有效的规章制度和工作流程，建立健全了适合数字化技术要求的标准规范，保证了项目科学、有序、合理地进行，提高了依法保护、管理和利用文物的工作水平。

4. 更新了观念，培养了队伍

试点工作不仅搭起了硬件平台，更重要的是搭起了思想观念的平台和人才队伍的平台。这主要表现在两个方面。一是以现代信息化手段管理文物工作的理念已深入人心。参与试点工作的文物博物馆工作者，积极学习新知识，掌握新技术，以信息技术的工作理念，探索和尝试馆藏文物的现代化管理模式，并在文物数字化建设实践中，不断解放思想，更新观念。二是培养了一支高素质的文物博物馆信息化技术队伍。通过岗位培训、引进人才以及鼓励职工自身钻研等方式，培养起一支近千人的信息化工作队伍，试点单位职工的计算机应用水平和信息化知识普遍得到提高。

5. 促进了文物博物馆工作的全面发展，取得了显著的社会效益

山西省通过试点，不仅采集了文物系统的馆藏文物信息，还把采集工作扩大到宗教、社会团体等外系统、外单位，将文物工作拓展到行业管理的新局面。河南省直接利用文物数据库组织展览，拓展了业务范围，而且省去了查阅卡片等繁重的劳动，减少了由于搬动实物可能带来的文物受损。甘肃省利用文物信息搭建起互联网站，宣传推介甘肃的文物特色和优势，塑造了甘肃文物工作的新形象。辽宁省通过试点工作，推动了基层文物博物馆单位的现代化管理。旅顺博物馆的《红楼梦》画展、佛经残片拼对检索等工作，都是计算机技术与藏品信息资源广泛结合的结果。试点工作的实践证明：馆藏文物的数字化建设直接带动了保管研究、陈列展示、宣传教育、对外交流等工作，提高了文物保护资金的使用效益，促进了博物馆教育功能的发挥，提升了博物馆的社会服务水平，扩展了博物馆的生存发展空间。

（三）试点工作的基本经验

经过三年多的试点实践，在项目的领导方式、工作模式、运行机制等方面，摸索出了一条符合文物工作规律、适应文物博物馆行业实际的文物数字化之路，为该项目在全国的推广积累了丰富的经验。

1. 各级领导高度重视是推进试点工作的前提和关键

为启动和推进“文物调查及数据库管理系统建设”项目试点工作，财政部领导多次深入文物博物馆单位调研，指导项目推进；各省财政、文物行政部门领导亲自主抓，把试点工作作为重点任务，抽调精干人员负责项目实施，并多次专题研究工作中的难点问题，提出解决办法；参与试点工作的基层文物博物馆单位领导，认真负责，积极探索，克服困难，严格把关，努力完成本单位的试点任务。这种领导重视、层层把关、责任到人的工作体制，有力地保证了试点工作的顺利进行。

2. 财政部门与文物部门联合组织，各级文物行政部门负责具体实施的工作模式，是科学管理试点工作的方式与途径

试点工作启动以来，财政部连续四年拨出专款，积极支持项目建设，并与国家文物局联合成立了项目领导小组，共同规划和部署试点工作。国家文物局组建了中国文物信息咨询中心，作为项目领导小组办公室和项目执行单位，具体组织项目在试点省的落实工作。各省财政和文物部门也成立了省级项目试点工作联合领导小组，并组建专门的文物信息化工作机构，按照统一部署，编制本省试点工作计划，并在各地（州、市）财政和文物部门的配合下，组织基层文物博物馆单位开展工作。这种工作模式有效地保证了试点工作各项任务的落实，是试点工作有序进展和取得阶段性成果的重要经验。

3. 科学组织，统一规范，是试点项目建设质量的根本保证

“文物调查及数据库管理系统建设”是一项浩繁的系统工程，

据不完全统计，试点期间共有600多个部门和单位的近3000名工作人员，直接参与了工作。为保证试点工作有序推进，四个试点省根据项目特点，统一领导，精心规划，协调共进，通过组建文物调查队（组），制定工作制度，规范工作流程，把各项任务落到实处。同时，把标准规范的研究制定工作摆在首位，编制了从馆藏文物信息的采集著录、审核报送、软件体系到网络传输、平台搭建、安全维护等各个环节的技术标准和业务规范，有效地保证了馆藏文物信息分散采集、批量合成、逐级入库、有效利用等各项工作的科学性和统一性，保证了试点项目建设的质量，为该项目的可持续发展奠定了基础。

4. 总结测算出了项目建设的标准配置和经费需求，为该项目的铺开提供了可靠依据

“文物调查及数据库管理系统建设”项目，离不开硬件设备的支撑。通过试点省广大文物博物馆工作者的积极探索，总结出了一套切实有效的省级数据中心软件设备和数据采集设备的配置标准，明确了项目所需的设备型号、性能、数量、价格以及文物采集工作的基本经费需求，廓清了省级数据中心的定位、功能和规模。这是试点工作的重要经验之一，为制定该项目的总体规划，推动该项目在全国铺开，发挥有限资金的最大效能，提供了科学的测算依据。

5. 积极探索，无私奉献，是试点工作取得显著成果的源泉与动力

试点工作是国有文物收藏单位信息化建设的创举，参与试点的广大文物博物馆工作者，秉承甘于奉献的传统，以极大的热情、无畏的勇气和高度负责的态度，积极投身试点实践，涌现出了许多可圈可点的感人事迹。正是广大文物博物馆工作者的辛勤耕耘和无私奉献，才使试点工作得以取得今天的成绩。

随着“文物调查及数据库管理系统建设”项目的全面铺开和不断拓展，试点工作成果、经验的意义将日益显现，并在文物博物馆事业信息化发展历程中留下浓墨重彩的一笔。

二、进一步认识新形势下加快“文物调查及数据库管理系统建设”步伐的重要性和紧迫性

今年 2 月 24 日，财政部领导在调研“文物调查及数据库管理系统建设”情况时，充分肯定了项目试点工作的成果，指出这是文物领域的一项基础性工作，不仅摸清了文物家底，而且促使文物工作在管理理念上发生了重大变化，对于提高文物保护、管理和利用水平，提高执政能力，发挥文物的社会功能，构建和谐社会，都具有重要作用。下一步要在系统总结试点工作的基础上，对未来几年的工作做出规划，争取早日在全国推广，实现建设目标。

以数字化手段开展文物调查，在保护国家文化遗产、传承中华文明的过程中有着独特作用。文物作为历史文明的传承载体，包含两层含义：一是作为一种物质存在传承历史，但是其寿命逃脱不了自然界减法规律的制约；二是作为信息形态传承历史，这种传承即使在文物作为物质消亡后，其所蕴含的信息生命仍然长存。从这个角度讲，采用计算机复制文物信息，既是传承中华文明的重要方式，也是文物保护工作不可或缺的组成部分。

建立文物数据库管理系统，是各级文物行政部门、各类文物收藏单位履行国家有关法律规定的基本保证和有效途径。正确履行《文物保护法》赋予各级各类文物部门的职责，不断提高文物

博物馆工作者的依法行政能力和科学决策水平，离不开对文物信息的掌握程度。只有广泛利用数字化技术，加强文物数据库管理系统建设，才能全面带动和促进各级文物行政部门、各类文物收藏单位履行法律规定，切实提高文物保护、管理水平，逐步形成管理部门依法行政、依法监督，文物博物馆单位依法保管、依法利用文物的新局面。

建立文物数据库管理系统，是切实加大文物保护力度、建设世界文物保护强国的重大举措。长期以来，我国各类基础资料的搜集、整理和利用相对滞后，归根结底是缺乏行之有效的现代化管理手段。建设和运行覆盖全国的文物数据库管理系统，既是廓清文物家底和价值，确保文物资产安全的基础，也是促进规范管理和宏观决策的基础，必将极大地推动我国建设世界文物保护强国的历史进程。

建设文物数据库管理系统，有利于改善文物资产和文物保护经费管理。文物数据库管理系统实现了与财政部门联网的可能，作为财政管理信息系统的组成部分，便于财政部门及时了解和掌握各种基础数据，将财政支出管理的措施和要求，以快捷的技术手段贯彻、应用到文物部门和文物博物馆单位，并为财政决策部门预算审核、经费支出和资金使用管理等提供基本情况和数据支持，增强财政管理的目的性、科学性和前瞻性。

总之，“文物调查及数据库管理系统建设”的试点工作，是以数字化手段推动文物保护基础资料建设的有益尝试，开启了全国文物基础资料调查、分析、整理和利用的新途径，对推动文物博物馆事业的信息化建设，具有十分重要的意义，我们必须抓紧建设，争取更大的成果。

三、2005 年工作计划和要求

“文物调查及数据库管理系统建设”项目为我们开启了文物博物馆行业迈入信息化时代的大门。2005 年是推广试点工作成果的一年。国家文物局将加快有关制度、标准和规范的研究，开展不可移动文物数据采集指标体系和相关规范的研究制定和相关调研工作；同时，指导湖北、湖南两省，比照试点工作模式，开展项目建设，力争在年内完成两省“馆藏文物调查及数据库管理系统建设”工作任务。同时，鼓励经济基础好、信息化建设热情高、技术力量强的省份，率先开展文物调查及数据库管理系统建设工作，并在技术指导、人员培训、配套软件、线路连通等方面给予帮助和支持。

为了保证这项工作积极稳妥、健康有序地开展，现提出以下几点要求。

（一）健全机构，加强领导

各省、自治区、直辖市文物行政部门要站在关乎文物博物馆事业兴旺发达的高度，重视项目建设工作，组建专门机构，指定专人负责。要积极与当地财政部门配合，按照财政部和国家文物局联合领导小组的统一部署，立足本省实际，明确工作目标，编制工作规划，采取有效措施，保证项目顺利实施，确保各项工作任务的完成质量。

（二）规范管理，科学决策

“文物调查及数据库管理系统建设”项目涉及文物博物馆工作领域的方方面面，对文物博物馆管理工作提出了新的要求。要进一步建立和健全各项规章制度，制定相关技术标准和规范，严格执行项目责任制、专家咨询论证、科学民主决策、监理审计、绩效考评等制度，积极利用数字化手段改进工作方法，提高工作质量和效率，保证项目建设科学化、规范化。

（三）求真务实，勇于奉献

“文物调查及数据库管理系统建设”是一项文物基础性工作，建设周期长、任务重、要求高，特别是文物信息的采集质量和及时更新，直接关系到整个系统的运行成效。我们要本着认真负责、精益求精的工作态度，继续发扬求真务实、勇于奉献的精神，克服困难，再接再厉，争取早日实现建设目标。

（四）加强学习，不断创新

随着信息化技术日新月异的发展，知识积累和更新速度逐步加快，学习已成为人们工作、生活的重要组成部分。各级文物部门领导和广大文物博物馆工作人员，要在信息化建设的实践中不断学习，调整自身的知识结构，掌握现代信息技术和专业知识，积极作为，不断创新，以信息化手段带动文物保护和管理水平的提高，努力建立一支既懂信息、又懂管理、更懂文物的工作队伍。

四、“十一五”工作的设想

“文物调查及数据库管理系统建设”项目，已经开展了四年，取得了显著的成果和宝贵的经验。在“十一五”期间，我们将在总结试点工作经验基础上，从文物博物馆工作的实际出发，以逐步摸清全国馆藏珍贵文物和文物保护单位的家底、建立健全各类文物的动态数据系统为目标，按照“统一规划、分步实施，标准先行、边建边用”的工作原则，大力推进“文物调查及数据库管理系统建设”项目，争取到2010年完成全国重点文物保护单位记录档案数字化工作以及 36 处全国重点文物保护单位的数据采集试点工作，完成全国文物系统馆藏珍贵文物数据采集，搭建文物博物馆信息网络，建立动态的数据管理系统，切实提高我们的文物保护管理水平。

五、关于大遗址保护和国家重点珍贵文物征集工作

“文物调查及数据库管理系统建设”、大遗址保护和国家重点珍贵文物征集工作，是财政部近年来对国家文物局重点支持的三项基础性工作。今天，我也借此机会谈一下大遗址保护和国家重点珍贵文物征集工作的情况。

今年起，财政部专门设立每年 2.5 亿元的大遗址保护专项资金，这是落实国务院领导批示、满足社会各界保护祖国文化遗产强烈要求的一项重要举措，给我们的文物保护工作带来了宝贵的发展机遇。但是怎样把钱用在刀刃上，切实推进工作开展，需要精心设计和周密安排。首先，要在认真做好调查研究的基础上，科学组织，搞好大遗址保护的整体设计，也就是要做好规划的规划，要制定科学完善的备选项目库，每年从中遴选出实施项目。国家文物局已会同财政部组织编制了 36 处全国大遗址保护规划纲要，加上近年已经批准的大遗址保护规划项目组成备选项目库。其次，要突出重点，要有大手笔，要有大气魄，集中解决具有典型意义的大遗址保护中面临的突出问题。今年的重点是新疆丝绸之路文物保护工程和西安四个大遗址保护项目（秦阿房宫、汉长安城、汉阳陵、唐大明宫）。再次，要加强指导，严格管理。要通过政策引导、重点工程示范等方式，调动各方面的积极性，扎实有序地开展工作。我们已经会同财政部制定了《大遗址等重大文物保护专项经费使用管理办法》。总之，

我们要用创造性的思维重点解决工作中的难题，把这项功在千秋的工作做出成效。

国家重点珍贵文物征集工作是我国文物保护事业的重要组成部分。2002 年起，国家财政部设立了每年 5000 万元的国家重点珍贵文物征集经费，至今已在海内外征集了包括《研山铭》在内的百余件有较高价值、较大社会影响的珍贵文物。今年，我们将着眼于引导和培育文物流通市场，着眼于推动和促进国有文物收藏单位之间的文物交流，以加强国家重点珍贵文物征集专项经费的管理、提高文物征集工作效率为目标，从规范项目管理、建立科学论证机制、完善文物征集应急措施入手，拓宽工作思路，拓展文物信息和线索的收集渠道，及时征集一批有价值、有影响的重点珍贵文物，同时加大工作宣传力度，通过媒体推介、举办展览等方式，发挥重点珍贵文物在凝聚人心、振奋民族精神、构建和谐社会等方面的独特作用。希望大家像关心文物调查项目一样，对大遗址保护和国家重点珍贵文物征集工作也继续给予关注和支持。

文物博物馆信息化建设是一个不断发展的系统工程。我们要站在促进新世纪文物博物馆事业长远发展的高度，积极探索，求实创新，努力开创文物博物馆信息化建设新局面，总结经验、扎实推进“文物调查及数据库管理系统建设”项目，以数字化手段全面提升文物保护管理水平。

在全国文物建档备案工作总结表彰大会上的报告

（2005年12月19日·四川成都）

2002年，在全国文物工作会议上，国家文物局将全国重点文物保护单位和馆藏一级文物的建档备案工作列为“十五”后三年文物保护工作的四项重点工程之一。三年来，全国各级文物行政部门和各类文物博物馆单位广大干部职工，立足文物博物馆单位的实际和文物档案工作的规律特点，围绕文物建档备案工作中的热点、难点问题，从制定文物档案工作的标准规范入手，发挥主动性和创造性，勤奋工作，努力攻关，做了大量富有成效的工作。基本完成了第一至第五批共1271处全国重点文物保护单位记录档案备案工作以及全国文物系统所属文物博物馆单位的46610件（套）文物藏品档案的备案工作，摸清了全国重点文物保护单位和馆藏一级文物的家底，强化了文物博物馆工作者的档案工作意识，锻炼培养了一支文物档案工作队伍，并探索出了一条适应文物工作规律、符合文物博物馆单位实际、行之有效的建档备案工作管理模式和操作流程，为文物档案工作的深入开展积累了丰富的经验。

今天，我们在这里召开全国文物建档备案工作总结表彰大会，我谨代表国家文物局，向受到表彰的先进集体、优秀档案（单位）和先进个人表示热烈祝贺，并通过你们向为“两档”备案工作付出辛勤劳动的各位同人表示衷心的感谢。

全国文物档案工作总结表彰会议

刚才，中国文物研究所介绍了“两档”建档备案工作进展情况，陕西、浙江两省文物局分别交流了本省建档备案工作的做法和经验，值得各地学习借鉴。下面我就进一步做好“两档”备案工作谈几点意见，供各位参考。

一、进一步提高对文物档案工作重要性和紧迫性的认识

文物档案工作是做好各项文物工作的基础，各级文物行政部门和各类文物博物馆单位要树立全局意识，从文物事业长远可持续发展的战略高度，深刻认识文物档案工作的重要性和紧迫性，以科学发展观为统领，在已有工作的基础上，扎扎实实地开展文物的建档备案工作。

（一）文物档案工作是科学保护文物的基本前提

文物档案是文物生存历程的真实写照，凝聚着人们研究、保护

文物的智慧与心血。它不仅是衡量每一个文物博物馆单位工作水平的重要标志，而且对文物事业的可持续发展起着至关重要的作用。文物档案建立与否，直接关系着我们对文物资源家底的了解和掌握；文物档案材料记录内容的正确与否，直接影响着我们对文物本体的研究与认知；文物档案材料收录得齐全完整与否，直接影响着我们对文物本体的永久保护和利用。我们要深刻认识文物档案工作在文物保护领域中的重要地位和作用,以科学严谨的态度对待这项工作，把文物事业的繁荣发展建立在牢固坚实的基础之上。

（二）文物档案工作是依法行政的重要内容

文物档案工作是文物保护工作的重要组成部分，是《文物保护法》赋予文物行政部门的神圣职责。随着我国市场经济体制的不断完善,城市化进程的加速推进,文物保护与经济建设的矛盾十分突出，对文物依法进行保护的任务越来越繁重。加强文物的建档备案工作，是落实《文物保护法》、不断加大文物执法力度、运用法律武器保护文物的有效手段。各级文物行政部门和各类文物博物馆单位一定要严格按照《文物保护法》等法律法规的有关规定，制定本地区、本单位文物档案工作的管理制度和措施，切实履行相应的建档备案责任，持之以恒，常抓不懈，认真做好文物档案工作。

（三）文物档案工作是研发利用文物信息资源的科学支撑

文物档案工作是随着文物信息不断充实而发展的动态过程，要充分发挥文物的社会效益，必须高度重视文物档案资料的参考借鉴和数据支撑作用，整合研发文物信息资源。在文物的日常管理、科学研究、修缮保养、技术保护、馆际交流、陈列展示、宣传推介、依法追索等工作中，既要努力发掘文物档案的信息，提高文物工作的科学性和时效性；也要注意收集整理在文物保护、利用过程中形成的新材料，不断充实、完善文物档案内容，实现文物档案工作和文物保护工作的协调发展。

（四）加强文物档案工作是当前和今后文物保护工作的迫切需要

我国已知不可移动文物 40 余万处，现有馆藏文物 2000 余万件（套），这些都是国家弥足珍贵的历史文化遗产。改革开放以来，虽然文物工作取得了显著成就。但是，文物家底不清、文物档案不健全、建档备案不规范等问题依然存在，制约着文物事业的发展。大力加强文物建档备案工作，全面摸清和掌握我国文物的家底，提高文物档案工作科学性和规范性，依然是当前和今后一段时期文物工作的紧迫任务，更是把我国建设成为文物保护强国的重要举措。

二、“十一五”期间文物建档备案的工作思路

“十一五”期间，要健全全国重点文物保护单位记录档案和全国一级文物藏品档案；完善文物建档备案工作的技术标准体系；强化文物档案管理与利用；逐步实现全国文物档案资源的整合与共享；建立文物档案工作的长效机制；推进省级以下各级文物保护单位和馆藏二、三级珍贵文物的建档备案工作，使我国的文物档案工作迈上新台阶。

“十一五”期间，文物档案工作要立足我国国有文物博物馆单位档案工作的实际，夯实基础，完善机制，提高文物档案工作的制度化、规范化和标准化水平，为文物的保护、管理和利用提供科学依据。“十一五”期间，文物档案工作的原则是：统一规划，分步实施，属地管理，标准先行，分别建档，集中备案。

“十一五”期间，文物档案工作的主要任务是：在认真总结“十五”期间文物档案工作实践的基础上，制定《全国文物档案工

作"十一五"规划》；颁布《文物档案管理办法》，健全文物档案工作技术标准和工作规范；加大文物档案工作人员的培训力度；在完善已有文物档案备案材料的基础上，完成新公布的全国重点文物保护单位和新增加的国有馆藏一级文物建档备案工作；开展省级以下文物保护单位和馆藏二、三级珍贵文物的建档备案工作；完成非文物系统国有文物收藏单位一级文物的定级、建档和备案工作；编辑《全国一级文物总目录》；适时建立国家文物档案馆。

2006年的工作重点是：完成已上报备案文物档案的整理、编目工作；完成第一至第四批750处全国重点文物保护单位记录档案和馆藏一级文物档案的续补及备案工作；组织开展第六批全国重点文物保护单位记录档案和国有文物收藏单位二、三级珍贵文物的建档备案工作，启动非文物系统国有文物收藏单位一级文物建档备案情况调研。

三、几点要求

（一）要高度重视文物档案工作，加强队伍建设

各级文物行政部门和各类文物博物馆单位要紧紧抓住制定国民经济和社会发展"十一五"规划的契机，把文物档案工作列入本地区的"十一五"发展规划。主要领导要关心、重视文物档案工作，列入工作重点。明确工作责任，纳入年度考核，并从人、财、物等方面给予保障。国家文物局也将继续给予重点支持。

我们将依托中国文物研究所等单位，继续举办高层次的文物档案专业培训。各级文物行政部门也要立足实际，采取切实措施，促进文物档案工作的人才培训、学术研究和业务交流，加大人才培养力度，造就一支能够胜任文物档案工作的专业队伍。

（二）深入调查研究，完善标准规范

调查研究是准确把握文物工作实际情况，做好文物档案工作的基本方法。要进一步深入调研，及时总结基层文物档案工作的鲜活经验，以改革精神和创新思维，科学分析建档备案工作中存在的突出问题，不断完善现有规范，制定相应的新标准、新规范，逐步形成文物档案工作的行业标准体系。

（三）增强责任心，提高工作质量

文物档案工作在文物保护事业中处于基础性地位，默默无闻但作用巨大。一定要增强责任心，以高度的责任感、求真务实的态度扎扎实实开展工作。要不折不扣地执行相关标准、规范和管理办法，务求精确全面、尽善尽美。文物博物馆单位要有主动意识、质量意识，严把档案质量关，同时文物行政部门要加强督察和质量检查、抽查，确保每一份档案都是合格档案，努力争取多出优秀档案。

（四）从文物事业发展的大局出发，建立文物档案工作的长效机制

建立长效机制，是文物档案工作持续开展的保障。各级文物行政部门要把文物档案工作作为一项长期工作抓紧抓实，把文物建档备案工作与文物保护单位和馆藏文物的保护、管理和利用工作结合起来，与文物法制建设结合起来，与文物保护项目的实施结合起来，与推进文物保护的标准化、信息化建设结合起来，建立文物档案收集、管理和利用的长效机制，形成领导重视、职责分明、措施有力、工作规范、建档备案及时高效的工作局面。

关于开展全国文物普查工作的提案[①]

（2006 年 3 月）

我国作为历史悠久的文明古国，遗存有大量不可移动文物，它们记载着中华民族发展的辉煌历程，是先人创造的技术与艺术成就的真实见证，是各民族智慧的结晶，也是全人类文明的瑰宝，其中所蕴含的中华民族特有的精神价值、思维方式和丰富想象力，在提高全体人民精神文化素质方面起着独特和不可替代的作用。深入开展文物资源普查，加强文化遗产的管理和保护，是贯彻落实科学发展观和构建社会主义和谐社会的必然要求。

1956 年、1981 年，经国家批准，全国文物系统进行了两次大规模的文物普查，第一次是在我国进行农业社会主义建设的时代背景下开展的，第二次是在我国将工作重点转移到经济建设的时代背景下开展的。通过这两次文物普查，登记在册的不可移动文物约有 40 余万处。在此基础上，国务院公布了五批，共计 1271 处全国重点文物保护单位，各地公布了约 7000 处省级文物保护单位和 6 万余处市县级文物保护单位，随着 1982 年《中华人民共和国文物保护法》的颁布，在普查中发现并登记在册的不可移动文物尤其是各级文物保

① 此文为在全国政协十届四次会议上的提案，联名提案人：姚珠珠　龙瑞　李延声　李羚　罗天婵　赵青　莫德格玛　吴江　王钦敏　袁熙坤　张文彬　夏燕月　安家瑶　樊锦诗　苏士澍　周天游　陈漱渝　鲍国安　王馥荔　敖德木勒　克里木　白淑湘　李双江　叶惠贤　董良翚　吴雁泽　李谷一　徐庆平　赵喜明　阿拉泰　张贤亮　王兴东　盛中国　张平　李致忠　王铁城　赵汝蘅　陈燮阳　李存葆　冯小宁　黄宏。

护单位得到了有力保护。

当前，我国处于城市化加速发展时期。由于经济全球化趋势和现代化进程的加快，尤其是大规模城乡建设的持续开展，文化遗产及其生存环境受到严重威胁，许多具有重要文物价值，但没有被发现、登记、建档的不可移动文物和没有列为相应级别保护单位的传统建筑、文化遗址、历史街区和古村落等在城乡建设中遭到不合理的拆迁、改造，甚至永久性的拆除、破坏。

2005 年 12 月，国务院发布了《国务院关于加强文化遗产保护的通知》，明确要求“加强文物资源调查研究，并依法登记、建档。在认真摸清底数的基础上，分类制定文物保护规划，认真组织实施”。因此，在全面总结前两次全国性文物普查工作的基础上，有必要再开展一次全国规模的文物普查工作。

一方面，由于前两次文物普查时期工作条件比较艰苦，技术力量相对薄弱，缺少先进科学技术支撑，因此不免存在文物漏查问题，特别一些地处边远、交通不便的地区做的工作相对较少。如三峡地区，经登记的不可移动文物仅为 100 多处，国家正式决定进行三峡工程建设之后，国家文物局组织全国考古、文物保护力量对三峡地区进行了大规模的考古调查、勘探，最终仅水库淹没区就发现不可移动文物 1087 处。国家文物局在蓄水之前组织对淹没区进行了较大规模的发掘工作，取得了一系列重大考古发现，发掘出土了大量具有重要科学研究价值的标本和相当数量的精美文物等，成果举世瞩目。另一方面，由于时代的发展，人们对于文物保护的理念和认知水平也有了较大提高，如对于传统民居，历史文化街区、村镇，优秀近、现代建筑，文化线路、文化景观等更加注意加强保护，也需要在新的一次文物普查工作中给予补充和完善。

随着科学技术的进步，现代计算机技术、遥感技术、勘察技术已经越来越多地应用于文物调查、勘探工作，全站仪、GPS 等技术也有利于进行精确的文物测绘，尤其是经过多年的培养和教育，从事文物专业技术工作的人员数量和素质都有了相当程度的提高，这些都为进行新的一次全国文物普查工作提供了必要的支持。

基于以上原因，提出以下建议。

（1）国家批准立项，提供专项资金，由国家文物行政部门牵头，组织各省、自治区、直辖市文物行政部门对本辖区内的不可移动文物进行一次全面的普查，特别是对以往没有做过工作的区域进行调查，同时对于过去在普查工作中已登记的不可移动文物进行核查。

（2）本次文物普查应充分利用现代科学技术手段，对不可移动文物进行较为详细的勘察、测绘，基本摸清文物遗存的具体位置、时代、分布范围等，并对其现状进行详细记录。

（3）普查的最终成果应形成专项报告，并将其资料数字化，建立数据库，由省级文物行政部门和国家文物行政部门备案，真正摸清目前我国不可移动文物的家底，以便落实国务院通知的要求，分类制定文物保护规划，认真组织实施，切实做好我国文化遗产的保护工作。

关于在第一个文化遗产日公布第六批全国重点文物保护单位的提案

（2006 年 3 月）

最近发布的《国务院关于加强文化遗产保护的通知》（国发〔2005〕42 号），决定从 2006 年起，每年六月的第二个星期六为我国的“文化遗产日”。“文化遗产日”的设立，切合我国文化遗产保护的现实，顺乎社会各界的心声，是一个合乎民心、合乎时势的重大决定。

公布全国重点文物保护单位是加强文化遗产保护工作的重要举措之一。全国重点文物保护单位主要是从省级文物保护单位中经过慎重筛选确定公布的，具有突出的历史、艺术和科学价值，且时代准确，性质特征明确，保存情况较好；一般具有一定的代表性，至少能反映某一地区、某一时代或某一民族独特的生产、生活和文化历史。目前，我国经普查登记的不可移动文物约 40 万处，各省级政府依法从中选择公布了省级文物保护单位约 7000 余处，市县级文物保护单位 60000 余处。1961 年、1982 年、1988 年、1996 年和 2001 年，国务院分五批公布了 1271 处全国重点文物保护单位。现有的全国重点文物保护单位分布于全国除港、澳、台以外的所有

① 此文为在全国政协十届四次会议上的提案，联名提案人：姚珠珠 龙瑞 李羚 李延声 罗天婵 赵青 莫德格玛 吴江 袁熙坤 张文彬 夏燕月 安家瑶 樊锦诗 苏士澍 周天游 陈漱渝 盖山林 鲍国安 徐庆平 克里木 白淑湘 李双江 叶惠贤 董良翚 吴雁泽 李谷一 濮存昕 赵喜明 谭利华 冯小宁 阿拉泰 张贤亮 王兴东 盛中国 张平 李致忠 王铁城 赵汝蘅 陈燮阳 黄宏 王铁成。

地区，其形成年代贯穿了我国远古人类产生直到现代。所表达的内容涵盖了政治、经济、军事、文化艺术及社会生活的方方面面，勾画了中华民族形成、发展、壮大的伟大历程的轮廓，是中华民族独具特色的优秀文化传统的实证。实践证明，国务院公布全国重点文物保护单位对有效保护我国珍贵历史文化遗产发挥了关键作用。第一批180处全国重点文物保护单位经历“文革”浩劫较为完整地留存至今，即得益于此。

公布全国重点文物保护单位是增进民族团结和维护国家统一及社会稳定的重要文化基础。如，对长城的保护极大地激发了人们的民族自豪感。以全国重点文物保护单位为代表的众多文物古迹还构成了极具吸引力的旅游资源。有效保护、合理利用文物古迹，已经成为保证和促进我国旅游业和文物所在地经济可持续发展的重要条件之一。此外，作为世界四大文明古国之一，我国具有突出文物价值的全国重点文物保护单位正在吸引着越来越多的国际友人，在日益频繁的对外交往和合作中扮演着越来越重要的角色，为维护世界文化多样性和创造性、促进人类共同发展发挥了重要作用。

为了使更多具有历史、艺术、科学价值的古文化遗址、古墓葬、古建筑、石窟寺和石刻、壁画及优秀近现代重要史迹、代表性建筑得到更为妥善的保护，进一步增强各级政府与广大民众的文物保护意识，推进我国文化遗产保护事业的发展，缩小我国与世界文化遗产保护先进国家的差距，需要不断加强全国重点文物保护单位的核定公布和管理工作。近几年，虽然对文化遗产保护的财政投入、保护意识在逐步提高，但是保护工作尚存在许多缺憾。例如，仅有的1271处全国重点文物保护单位不仅与我国文明古国的历史地位及现存文物数量不相适应，与其他文明古国相比也有很大差距，如印度由国家直接管理的文物古迹有5000处，埃及由中央政府管理的文物古迹多达20000处，越南的国家级文物保护单位也有3000多处；已经公布的全国重点文物保护单位的门类还不够全面，还有一些重要文化遗产未能被及时公布为全国重点文物保护单位；城市化加速进程带来的基本建设热潮、经济发展带来的旅游热等，使文化遗产及其生存环境受到严重威胁。

从2004年上半年开始，第六批全国重点文物保护单位的申报、遴选、审核工作全面展开。截至当年年底，各省、自治区、直辖市积极推荐了1641个文物保护单位参加评选。评选工作受到各级政府、有关部门、专家学者、相关人士和广大群众的关心与支持，社会各界对评选结果翘首以盼，期待已久。专家评审、征询相关部委意见等程序已经完成，至此，第六批全国重点文物保护单位的申报前期工作基本就绪。

为切实贯彻《国务院关于加强文化遗产保护工作的通知》，扩大第一个“文化遗产日”的影响力。建议将公布第六批全国重点文物保护单位的时间，定在我国第一个“文化遗产日”。此举将不仅有利于提高全社会对“文化遗产日”的关注，增强全社会文化遗产保护意识，引导民众广泛参与文化遗产保护工作，满足广大民众日益增长的物质文化需求，而且壮大文化遗产的数量，提高我国文化遗产的国际影响力和广大文化遗产保护工作者的积极性，对全面开启文化遗产保护工作的新局面具有重大推动力。

在第六批全国重点文物保护单位公布座谈会上的讲话

（2006年6月7日）

5月25日，温家宝总理签发了《国务院关于核定并公布第六批全国重点文物保护单位的通知》，正式公布了第六批1080处全国重点文物保护单位。公布新的一批全国重点文物保护单位，再一次体现了国家对于保护文化遗产的重视和关心，是文化遗产保护工作和全国民众文化生活中的一件大事，也是我国文化建设的一项重要成就。这对于增强民族团结、促进经济发展和社会进步、振奋民族精神，都将起到积极作用，具有很强的导向性。

近年来，我国的文化遗产保护事业取得了长足的进步，同时我们也清醒地看到，随着我国经济建设的持续快速发展，文物保护与经济建设关系的问题还相当突出。特别是随着城市化进程的加快，大量文物古迹遭到房地产开发、不文明施工的威胁和破坏，法人违法的现象日益增加，盗窃、盗掘古遗址古墓葬造成的损失也非常严重。

在这种形势下，国务院加大了文化遗产保护工作的力度。在去年发布的《国务院关于加强文化遗产保护的通知》中，对近期的文化遗产保护工作做出了全面部署，明确要求用10年左右的时间，建立较为完善的文化遗产保护体系，使文化遗产得到全面有效的保护。公布全国重点文物保护单位是建立完善的文化遗产保护体系的重要措施之一。《国务院关于核定并公布第六批全国重点文物保护单位的通知》再次重申，各地区、各部门要依照《中华人民共和国文物保护法》等法律法规和《国务院关于加强文化遗产保护的通知》的要求，进一步贯彻“保护为主、抢救第一、合理利用、加强管理”的工作方针，针对不同文化遗产的特点，采取切实可行的保护方式，科学规划，妥善处理文化遗产保护与经济发展、广大民众生活条件改善的关系，认真做好全国重点文物保护单位的保护、管理和合理利用工作。对全国重点文物保护单位相关工作提出了很高的要求。

大家知道，第六批全国重点文物保护单位虽然仍沿用了第五批的分类法，即包括古遗址、古墓葬、古建筑、石窟寺及石刻、近现代重要史迹及代表性建筑、其他六类。但是这批全国重点文物保护单位的一个突出特点就是数量多、内涵十分丰富，还特别注意体现全国重点文物保护单位体系的完整性，力求较为完整地体现我国历史各阶段的方方面面。入选单位包括了一些以往较少进入全国重点文物保护单位行列的反映我国民族、民俗和近现代文化生活、经济活动等方面历史的文物，例如当铺、商店旧址、传统工业设施、少数民族古民居等。

第六批全国重点文物保护单位的上述特点决定了其保护、管理工作的复杂和艰巨，同时也对我们今后的工作提出了更高的要求。在座的有长期关注、支持文化遗产事业的各方面的权威专家学者，有长期工作在保护一线的文物博物馆同人，还有长期以来对文化遗产保护给予大力支持的相关部门领导。把大家请来的目的就是听取各位对于包括第六批全国重点文物保护单位在内的全国重点文物保护单位的保护、管理和利用工作的意见和建议。特别是就如何采取有针对性的措施保护这些文化遗产、妥善处理文化遗产保护与经济发展的关系、使文化遗产保护惠及广大民众等方面提出指导性的意见，以便我们今后进一步加强和改进相关工作。

在北京市第六批全国重点文物保护单位授牌仪式上的讲话

（2006年6月8日）

今天，我们在北平图书馆旧址举行仪式，为北京市第六批全国重点文物保护单位授牌。

6月10日，也就是后天，我们将迎来我国第一个“文化遗产日”。此前，国务院核定公布了第六批1080处全国重点文物保护单位，为文化遗产日增添了节日的喜庆气氛。第六批全国重点文物保护单位的公布不仅是文物工作者的喜事，也是全国人民文化生活中的一件大事，充分表明了我国政府对保护文化遗产的高度重视和坚定决心，必将对我国文化遗产事业的健康和可持续发展产生积极的推动作用。

第六批全国重点文物保护单位公布后，各级文物部门和广大文物工作者要充分利用当前国家高度重视、社会各界积极参与文化遗产保护的有利时机，紧紧抓住“十一五”时期这个重要战略机遇期，按照国务院通知的要求，针对不同文化遗产的特点，采取切实可行的保护方式，科学规划，妥善处理文化遗产保护与经济发展、广大民众生活条件改善的关系，认真做好全国重点文物保护单位的保护、管理和合理利用工作，带动和促进全国各项文物保护工作水平的全面提升。

北京是有着悠久历史和深厚文化底蕴的世界著名古都和国家历

史文化名城。近年来，北京市在文化遗产保护方面做了大量工作，成效显著，此次又有北平图书馆旧址和元大都城墙遗址等38处文物保护单位列入第六批全国重点文物保护单位。我相信，北京市将以此为契机，进一步加大文化遗产保护工作力度，积极探索建立以国家保护为主、全社会共同参与的文化遗产保护新体制，为全国的文化遗产事业创造出更多好的做法，取得更大的成绩！

北京地区第六批全国重点文物保护单位保护标志立碑启动仪式

在国家文物局、国家测绘局《合作开展长城地理信息资源调查协议》签字仪式上的讲话

（2006年10月26日）

非常高兴能够出席今天的签字仪式，这次国家文物局与国家测绘局合作对长城地理信息资源进行调查，是一次非常有意义的合作，是中国长城保护中的一件大事。大家知道，长城是中华民族的象征，其建造时间之长、分布地域之广、影响力之大，是其他文物不可比拟的；长城组成复杂，是一个规模庞大、完整的军事防御工程体系；建造时间更是贯穿了中国整个封建王朝史，是中华民族悠久历史的真实见证；分布地域更是广大，遍及辽宁、河北、天津、北京、山西、陕西、内蒙古、宁夏、甘肃、新疆、河南、山东等十余个省、自治区、直辖市。1987年，长城因其独特的历史、艺术和科学价值，被联合国教科文组织列入《世界遗产名录》，被誉为"世界上最大的文化遗产"。

由于年代久远，分布地域广，长城面临着相当严重的自然和人为破坏的威胁，因此，作为主管部门，国家文物局希望全面展开长城保护的各项工作。为此，国家文物局组织编制了《长城保护总体工作方案》，并已得到国务院领导的批准。该《方案》提出从开展长城资源调查、建立长城文物记录档案等基础性工作入手，编制《长城保护总体规划》；从保护长城本体及其环境的完整性、真实性出发，在对长城进行全面研究评估的基础上，就规划的原则、性质、目标、

保护区划、保护措施、相关环境治理和生态保护以及展示开放、管理等方面做出具有实际指导意义的原则性规定，全面做好长城保护的各项工作。国家文物局还将协调有关省市理顺长城保护管理体制，建立健全相应的管理机构或机制，明确长城保护责任；深入开展长城保护宣传教育工作，通过宣传，普及长城保护知识，提高人们的自觉保护意识。同时，我们还将加强长城保护科学研究，完成“长城及其保护管理研究”课题，其中包括中国历代长城研究，长城保护理论、政策研究，长城保护、管理、研究现状调查及对策研究，长城管理体制研究，长城保护与利用模式研究，长城保护技术研究等。在调查的基础上，国家文物局将组织有关单位科学制订长城保护修缮计划，完成重点地段维修方案编制和重点部位抢险工程。同时依法加强监管，严惩对长城的破坏行为。

对长城开展全面调查，准确掌握长城现存状况，是制定、落实保护长城政策法规和管理措施的基础。20 世纪 80 年代以来，各地在文物普查中曾对长城做过不同程度的调查，初步掌握了长城的基本情况。但是限于当时的条件和认识水平，尤其是受到技术手段的限制，有相当部分长城的情况没有搞清楚，调查资料也比较分散，没有汇总。可以说，我们对长城的家底还没有掌握清楚。因此，有必要由国家组织一次对长城资源的科学普查，全面准确掌握长城的规模、分布、构成、走向及其时代，保护与管理现状，人文与自然环境等基础资料，并依法建立科学完整的长城文物记录档案。

这次调查拟由国家文物局统一规划、部署，长城沿线各省、自治区、直辖市负责具体组织落实。在工作方式上，拟通过试点取得经验，并培训工作骨干后，再全面铺开。在技术手段方面，除了传统的田野考古调查外，将充分运用遥感、航空考古和信息技术等现代科技手段。计划用 2 ~ 3 年的时间，完成本次调查和建档工作。

为保证调查工作的一致性、科学性和合理性，2006 年年初，国家文物局组织河北省、甘肃省文物局先期开展长城调查试点工作。通过试点工作，明确长城调查的工作步骤、方法、成果和深度。今年年底，国家文物局将组织召开长城调查试点工作总结会，梳理长城调查规律，总结相关经验，讨论、完善并确定工作方案，于 2007 年全面开展长城调查工作。

万里长城—山海关

通过以前调查的经验，尤其是试点工作，我们感到非常有必要和国家测绘部门合作开展此次调查工作。国家测绘局是国土资源部管理的主管全国测绘事业的行政机构，经过 50 年的发展，取得了一系列令人瞩目的成绩，测绘成果的应用服务水平有了很大提高，成果应用成效显著，应用服务领域不断扩大，在经济社会生活的各个方面，在管理社会公共事务、处理社会发展重大问题、提高广大民众生活质量等方面发挥着越来越重要的作用。

我们希望，通过双方在地理信息资源的开发利用方面进行合作，文物部门负责考证和断代，测绘部门负责测量，开发出标准统一的长城资源调查基础地理信息数据，掌握长城的相关地理信息；双方还将在文物普查中加强电子地图的开发合作。我们希望，通过双方合作开展长城资源调查,积累经验,可以为我们今后继续在其他领域，诸如其他历史文化遗产资源的调查与监测、全面推动地理信息资源共建共享等方面开展合作打下良好的基础。

目前，中国文物研究所和国家基础地理信息中心已经共同开展了一系列工作，形成了《长城资源调查与测量工作方案》《长城资源调查文物编码规则》《长城测量技术方案》和《长城资源管理信息系统技术方案》等初步合作成果。我相信，与专业测绘部门合作开展长城资源调查，不仅可以提高工作效率，缩短工作时间，而且可以极大地提高工作质量，彻底改变以前测绘中长城数据不准、家底不清的境况，对于文物部门来说，这更是广大文物工作者学习、开阔眼界的好机会。希望在此次合作中，文物工作者借鉴、学习广大测绘工作者的优良工作作风和精湛的专业知识，扎扎实实工作，切实做好调查工作。

在第三次全国文物普查工作会议上的报告

（2006 年 12 月 18 日）

开展第三次全国文物普查，是事关我国文物事业发展全局的大事，也是全国文物工作者期待已久的心愿。在去年年底召开的全国文物局局长会议上，国家文物局提出了在“十一五”期间进行一次全国文物普查的设想，得到了与会者的一致肯定和支持。今年 5 月，国务委员陈至立同志在国家文化遗产保护领导小组第一次会议上明确指出要组织开展第三次全国文物普查，此后，又批示同意了《关于拟开展第三次全国文物普查工作情况的报告》。

第三次全国文物普查工作会议

在国务院领导同志的直接关心和支持下，一年来文物普查的各项准备工作取得了积极进展，开展第三次全国文物普查的条件已经基本成熟。为此，国家文物局今天召开第三次全国文物普查工作会议，研究部署此项工作。现在，我就开展第三次全国文物普查谈以下几个问题。

一、提高认识，高度重视文物普查

文物普查是国情国力调查的重要组成部分，是确保国家历史文化遗产安全的重要措施，是我国文化遗产保护的重大基础工作。我们要在思想上深刻理解文物普查的重要性，从维护国家文化主权和文化安全，实现全面、协调、可持续发展的战略高度来充分认识和重视文物普查工作。

（一）文物普查对于促进我国文化遗产保护事业和国家经济社会发展全局具有重要意义

1. 文物普查是夯实文物工作基础、确保我国文化遗产安全的战略工程

随着经济全球化趋势和现代化进程的深入，我国的文化生态正在发生着巨大的变化，一些地方文化遗产消失的速度加快，对继承和弘扬我国优秀传统文化、保持民族文化特质和文化独立性造成了直接威胁。开展第三次全国文物普查，有利于摸清家底，全面掌握我国不可移动文物的数量、分布、特征、保存现状、环境状况等基本情况，为准确判断文物保护形势、有针对性地采取保护措施、科学制定文物保护政策和规划提供依据。

2. 文物普查是促进经济社会发展的重大举措

开展文物普查，有利于有效地发掘、整合和利用文物资源，充

分发挥文物自身优势，宣传展示丰富的历史文化内涵，加深社会公众对民族传统文化的认同感，增强民族凝聚力与自信心，以文物独特的人文魅力带动旅游和相关文化产业，实现经济社会的全面、协调和可持续发展。

3. 文物普查是培养锻炼专业人员、提高文物保护队伍整体素质的重要机遇通过文物普查，能够使一大批工作人员在实践中比较迅速地了解文物保护的基本知识和工作规律，掌握文物保护管理的一些先进理念和技术，为今后从事文物工作打下很好的基础。同时，我们文物部门的组织、协调和管理能力，也会在组织大规模的普查工作中得到检验和提高。这些成果将使我们在今后的文物保护工作中受益匪浅。

4. 文物普查是提升全民文化遗产保护意识的重要手段

在普查过程中，各级政府和文物部门都将大张旗鼓地集中宣传普查工作和文物保护的知识、理念，广泛动员社会力量的积极支持和参与。普查队员也将深入到城镇和农村的各个基层单位进行大规模的走访调查。这些活动是对文物保护最直观、最有效的宣传，对增强全民的文化遗产保护意识将起到明显的推动作用。

（二）文物普查是我国文化遗产保护事业发展的必然要求

20 世纪 50 年代和 80 年代，我国先后开展了两次全国文物普查，对文物保护事业的发展产生了巨大的推动作用。但是由于当时各方面条件所限，漏查甚至根本没有开展普查的情况相当普遍。在第二次全国文物普查中，有 320 个县没有开展普查，占当时全国 2650 个县区的 12.1%。此后的 20 多年间，大规模城乡建设和文物调查中新发现了大量的不可移动文物，另有许多文物因人为或自然原因遭到损毁甚至消失。如内蒙古自治区在复查的 2068 处不可移动文物中，已消失了64处，占3.1%。前两次全国文物普查成果已经越来越难以准确反映文物保存的实际状况。

2005年12月，国务院印发了《关于加强文化遗产保护的通知》，首次以国务院文件的形式提出了文化遗产保护的理念，并明确要求加强文物资源调查研究。《国家"十一五"时期文化发展规划纲要》也把文化遗产普查列为"十一五"重点工作。文化遗产是一个内涵十分深刻并且不断发展丰富的概念，乡土建筑、工业遗产、文化景观、文化线路、文化空间、老字号等都是其中的重要组成部分，而这些文化遗产类别在前两次全国文物普查中却没有得到应有的重视，导致大量文化遗产在相当长时期内没有纳入文物保护工作的视野，损失巨大。

因此，开展第三次全国文物普查是文化遗产保护事业发展的需要，也是贯彻落实《国务院关于加强文化遗产保护的通知》和《国家"十一五"时期文化发展规划纲要》的必然之举。通过这次文物普查，不仅将准确掌握第二次全国文物普查以来不可移动文物的实际变化情况，而且还会根据文化遗产保护事业发展的需要，将新的文化遗产类别纳入普查范围，予以认定登记，扩大文物保护工作范畴，这对于促进文化遗产全面、有效保护具有十分重要的作用。

（三）文物普查是我国文物保护工作者的共同心愿

近年来，随着我国经济社会的快速发展，文物保护工作也取得了显著成绩。开展全国文物普查，进一步推动文物保护事业的发展，已经成为全国文物工作者的共识。在当地政府和国家文物局的支持下，河南、内蒙古、宁波、广州等地文物部门率先组织了本地区的文物普查试点工作，取得了可喜成果，并为全国普查工作积累了宝贵的经验。其他各省市也根据国家文物局《关于做好第三次全国文物普查准备工作的通知》要求，做了比较扎实的准备工作。中国文物研究所、中国文物信息咨询中心根据以往普查工作、近年开展的“两档”备案和文物调查数据库建设以及各地试点工作的经验，草拟了文物普查的相关标准、规范。在全国文物工作者的共同努力下，全国文物普查的条件已经基本成熟。

在此，我代表国家文物局，向为第三次全国文物普查前期准备工作付出辛勤努力的各有关单位、各试点省市的同人们，向不畏艰苦、战斗在普查第一线的普查队员们，致以崇高的敬意和衷心的感谢！

二、精心组织，分步实施文物普查

为做好第三次全国文物普查工作，国家文物局近日已专文呈报国务院，请示以国务院的名义下发《关于开展第三次全国文物普查的通知》，对普查工作做出全面部署。其中，普查的组织实施是关系到此次普查成败的关键。为此，我重点谈一下第三次全国文物普查的组织实施工作。

（一）统一部署，分级负责

第三次全国文物普查工作由国务院统一部署，地方各级政府按照国务院即将下发的《关于开展第三次全国文物普查的通知》要求，负责做好本地区文物普查的组织实施工作。

国家文物局会同国务院有关部门负责普查工作的业务指导和督促检查，制订全国普查工作方案、管理办法、相关技术标准和规范，汇总和发布全国文物普查数据。国家文物局已经设立了第三次全国文物普查工作领导小组，领导小组下设办公室，负责指导、协调普查实施工作。

地方县级以上政府应分别成立第三次全国文物普查工作领导小

组，领导小组办公室设在文物行政部门，负责组织实施本地区普查工作。省级文物行政部门可根据普查工作需要设立普查工作指导小组或专家顾问组，对普查工作进行业务指导。各地、市分别组建文物普查队，负责本地区文物普查实施工作，并对所辖各县普查工作进行督促、检查、指导。各县可根据实际情况组建一个或多个普查组。各普查组以县域为普查单元划分普查区域进行实地调查。各乡、镇政府（街道办事处）应当积极支持配合文物普查工作，其主管机构和人员（文化站、文化专干等）应当按照所属县的安排，积极调查、收集并向普查组提供文物普查线索。

各省级、地方级文物行政部门要充分发挥组织、协调作用，选派精兵强将组成专门的工作班子，负责具体指导第三次全国文物普查工作。要根据本地区的实际情况合理配置使用现有人员，从省级和地方级文物博物馆单位中抽调专业人员到普查一线工作。被抽调人员的单位要讲原则、顾大局，优先保障普查工作的顺利开展。每个普查组都要配备专业强、素质高的专业人员，以确保文物普查能收到实效，不走过场。

（二）明确重点，分步实施

第三次全国文物普查的范围是我国境内（除港澳台地区外）地上、地下、水下的不可移动文物。普查的内容以调查、登录新发现的不可移动文物为重点，同时对已登记的不可移动文物进行复查，了解文物本体及环境的基本情况，尤其是对文物的量化指标、保存与环境现状及其变化情况等进行调查、登录。

此次普查从2007年1月开始，到2011年12月结束，共5年时间，分三个阶段进行。普查标准时点为2007年4月30日。各地要按照国务院的统一部署和文物普查的各项要求，按计划组织完成普查各阶段的工作。

2007 年 1 月至 9 月是普查的第一阶段。主要任务是确定标准，开展培训、试点工作。国家文物局将组织完善技术标准和规范，制定颁布普查实施方案、管理办法，培训各省普查机构人员。各地要在 2007 年 1 月 20 日前抓紧对标准提出意见，根据国务院的统一部署和国家文物局的要求制定普查方案，组织普查机构开展本地区普查工作。组织培训普查工作人员，学习掌握普查技术标准、规范、管理办法和普查仪器的使用，选择部分县市开展试点工作。

2007 年 10 月至 2009 年 12 月是普查的第二阶段。主要任务是以县域为基本单元，实地开展文物调查。这一阶段的任务最为繁重，是普查工作的关键，所获取信息数据资料的真实性、完整性、科学性、规范性直接影响着各项普查成果的水平和价值，甚至关系着此次普查的成败。各地务必集中精力，抓好这一中心环节。广泛运用现代科技手段，提高普查信息精确度和工作效率，并充分利用已有的文物调查项目成果。不可移动文物的认定要按照宜宽不宜紧的原则，防止漏查、漏项。严把质量控制关，按时保质完成普查任务。

2010 年 1 月至 2011 年 12 月是普查的第三阶段。主要任务是进行调查资料的整理、汇总、数据库建设和公布普查成果。普查原始数据和相关资料由地、市普查机构组织检验复合，经核实的普查数据资料逐级汇总、上报，分别输入省级和国家文物普查信息数据库。县级以上地方政府负责建立本地区的文物普查档案，编制普查报告，公布其辖区内的不可移动文物名录，并视实际情况将其中重要的不可移动文物公布为相应级别的文物保护单位。国家文物局负责全国不可移动文物编码系统和电子地图，编写第三次全国文物普查总报告，会同国务院有关部门适时公布第三次全国文物普查成果。各级普查机构及其工作人员要注意妥善保存普查数据和资料，对普查中涉及的国家机密和商业秘密，必须履行保密义务。

三、全面动员，扎实推进文物普查

开展全国文物普查，不仅需要文物部门的艰苦努力，也必须得到各级政府、各有关部门和社会公众的积极支持和参与，充分动员各方面的力量，形成强大的合力。当前，要着重从以下六个方面全力推进文物普查工作。

（一）积极争取各级政府的领导和支持

第三次全国文物普查是由国务院统一部署，地方各级政府负责组织实施的一项全国性工作。国务院已将文物普查工作列入《国家“十一五”时期文化发展规划纲要》，并由中央财政承担一部分普查经费。地方各级政府也要切实承担起组织实施文物普查的重任，设立强有力的普查机构，支持文物部门开展工作，出面协调普查工作中遇到的重大问题。保障文物普查的配套经费，并列入相应年度的财政预算，按时拨付，确保到位。地方各级文物行政部门要主动争取当地政府对普查工作的领导和支持，及时报告普查工作的进展和取得的成果，充分依靠地方政府开展工作。

（二）与各有关部门加强协调、深化合作

文物普查涉及不可移动文物管理的方方面面，需要各有关部门协调一致、密切配合。文物部门要发挥作为普查办公室的作用，主动和各有关部门协调普查工作，说明文物普查的意义和要求，尽量减少普查对有关单位正常工作的影响。积极支持各高等院校和有关科学研究机构结合学生实习和科学研究，参与文物普查，发挥他们在各自领域的专业优势。严格按照《统计法》的规定，与统计部

门共同做好文物普查数据资料的管理和发布工作。加强与测绘、建设规划、国土等部门的密切合作，充分利用已有的数据资料，通过普查建立我国不可移动文物的电子地图。国家文物局和国家测绘局已经签署协议，合作开展长城地理信息资源调查和其他相关工作。我们相信，这仅仅只是一个成功的开始。文物部门与各有关部门如能在文物普查中相互配合，精诚合作，充分发挥在各自领域的优势条件，必将极大地拓展文物普查的广度和深度，扩大文物普查的影响范围，取得更加丰富的工作成果。今天出席会议的各有关部门都与文物部门有着长期的良好合作关系。我相信，大家都能充分理解文物普查的意义，积极配合文物部门，及时提供普查所需的相关信息，共同做好文物普查工作。

（三）集中力量，重点保障普查工作

各级文物部门要把文物普查作为近几年各项工作的重中之重。由于文物普查涉及范围广、时间短、任务重，在当前文物保护工作十分繁重的条件下，必须合理统筹安排，调整工作重心，集中人、财、物各种资源，优先保障普查工作的顺利开展。要适当收缩战线，避免过度分散使用力量。除文物普查、列入《国家“十一五”时期文化发展规划纲要》的重点工作和因国家重大基本建设工程必须开展的文物保护工程和考古工作外，暂停审批为科研目的进行的考古发掘和非急需的文物保护工程，严格控制文物保护项目的数量和规模。要抓好文物普查机构和队伍建设。各级文物行政部门都要成立专门机构，选派专门人员负责普查工作。下决心抽调一大批专业人员充实到普查工作的第一线，加强基层工作力量，重点保障县普查组的人员需要，确保第一手普查资料的准确性和科学性。要建立健全并严格执行文物普查的各项规章制度，重点加强人员、文物标本和数据资料的安全管理，做到有章可循、按章办事，从制度上确保文物普查的顺利进行。

（四）加强专业指导，提高科技含量

注重发挥专家和老同志的积极性，认真听取和吸纳他们的意见和建议。省市一级可以成立专家顾问组，深入到普查一线帮助解决实际工作中遇到的专业问题。充分运用信息网络、遥感、地理信息系统和全球卫星定位系统等现代科技手段，提高文物普查的时效性和相关标本、数据采集的准确性、科学性。各地可以结合普查工作，开展专项调查和课题研究，扩大普查的工作成果，但要注意避免影响普查的质量和进度，不能本末倒置。要把普查和申报文物保护单位区分开来，凡是具有历史、艺术、科学价值的文物均应予以登记，防止出现个别试点地区曾发生的只登记重要文物的情况。

（五）抓紧开展试点培训工作

本次普查时间安排很紧，绝大部分省市都还没有进行试点工作。由于我国地域辽阔，文物内涵十分丰富，各地文物特点差异很大，很多普查的具体问题不能搞“一刀切”。根据试点省市的经验，各省级文物行政部门可以“以查代训”的方式，结合普查人员培训工作，进行小范围短时间的试点工作。要力争在试点过程中，解决一些在本地区具有相对普遍性的实际问题，并且针对本地区文物的特点，进一步完善和细化普查工作方法。通过培训，不仅要掌握普查知识、技能，而且要继承和发扬文物工作者吃苦耐劳、艰苦奋斗的光荣传统，达到磨炼意志、锻炼队伍的目的，并把这一优良作风切实贯彻到普查工作中去。

（六）积极宣传、广泛动员

文物普查是我国当前最大的文物保护工程，也是将文物保护理念送进千家万户的文化工程、教育工程、民心工程。文物普查规模浩大，仅仅凭借文物部门的力量是远远不能胜任的，必须广泛动员社会力量，依靠广大民众的经验和智慧，才能把三五个人的普查组变成成百上千的普查大军，才能把我们所看不到、找不着的文物线索一条条汇集起来，成为普查地图上的一个个文物点，使普查工作的成果最大化。我们必须通过各种方式，尤其是充分发挥新闻媒体的重要作用，广泛宣传普查工作，使文物普查家喻户晓。每一个普查队员既要是文物调查的行家，也要是宣传文物保护的能手，把文物保护的理念带到普查的每一个厂矿、街道、村庄和学校。要重视发挥业余文物保护员的重要作用，鼓励和吸收一些热心文物保护的志愿者加入普查工作，对有突出贡献或者提供重大文物线索的，予以表彰和给予适当的物质奖励。

我们相信，通过此次普查，将会有越来越多的人更加热爱祖国的文化遗产，更加关心和支持文物保护工作，带动并逐渐形成全社会共同关心、参与文物保护的良好氛围，成为文物保护事业长远发展最坚实的基础。

国务院适时做出开展第三次全国文物普查的决定，是我们每一个文物工作者一生中难得的机遇。人生能有几回搏，我们全体文物工作者都要以对文物事业负责、对历史和子孙后代负责的责任心和使命感，积极投入第三次全国文物普查工作，不遗余力，务求全功！

在长城资源调查工作会议上的报告

（2007 年 2 月 9 日）

今天，我们在这里召开长城资源调查工作会议，主要内容是听取河北、甘肃两省关于长城调查测绘试点工作的汇报，动员、部署长城资源调查工作，确保 2008 年年底前完成明长城、2010 年年底前完成所有长城资源调查和基本数据的发布。下面，我就开展这项工作讲两点意见。

一、开展长城资源调查是时代和事业发展的要求

长城是世界上规模最大的文化遗产，其建造时间之长、分布地域之广、影响力之大，是其他文物不可比拟的。在国人和世界民众眼中，万里长城是中华民族的象征。1987 年，长城因其独特的历史、艺术和科学价值，被联合国教科文组织整体列入《世界遗产名录》。

20 世纪 80 年代，邓小平同志亲自倡导的“爱我中华，修我长城”活动，在激发广大民众爱国热情的同时，极大地推动了长城保护工作；国务院自 1961 年起分期分批将山海关、八达岭、嘉峪关等长城段落公布为全国重点文物保护单位；国家和各级地方政府投入大量人力、物力对长城进行了抢救维修；一些地方政府为辖区内的长城划定了保护范围，有的设立了专门保护管理机构；北京等地还颁布了长城保护的地方性法规。2006 年 12 月 1 日，国务院正式颁布实施了《长

城保护条例》（以下简称《条例》）。《条例》针对目前我国长城的现状以及存在的主要问题，制定了操作性很强的保护管理措施，明确了长城所在地政府的责任，提出发动社会力量参与长城保护，对长城的利用行为加以规范等。国家专门就某一文化遗产颁布专项法规，在我国的历史上还是第一次。从整体上看，长城保护管理和科学研究工作得到了很大加强。

全国长城资源调查工作会议

但是，不可否认，长城仍然面临着相当严重的人为和自然破坏的威胁，特别是近年来人为破坏有加剧趋势。主要表现在个别地方和部门文物保护和法治观念淡薄，在基本建设、长城开发利用等工作中，置国家、民族整体利益于不顾，片面追求眼前、局部利益，随意处置长城。这种以法人违法为主体的建设、开发性破坏是当前破坏长城的主要形式，具有来势凶猛、破坏力大，有时甚至是毁灭性的特点；部分地方群众缺乏文物保护知识、意识，拆取长城建筑材料用于日常生产生活或在长城上挖窑洞的现象仍时有所见；而有法不依、执法不严、保护管理力量薄弱、经费匮乏等因素导致破坏长城的行为不能被及时有效制止。

长城遭受破坏的形式和原因尽管多种多样，但是家底不清、保存状况不明则是导致上述问题出现的最为基础的原因之一。20 世纪 80 年代以来，各地曾对长城做过不同程度的专题调查，初步掌握了长城的基本情况。但是限于当时的条件和认识水平，有相当部分长城的情况没有搞清楚，调查资料也很分散，没有汇总。可以说，我们对长城的家底远没有掌握。几十年的工作实践证明，这种情况严重地制约了长城保护政策法规的出台、严重影响了具体保护计划、措施的制定和实施。长城家底不清已经成为长城保护、研究等工作深入开展的瓶颈。采取有效措施，彻底改变长城家底不清，进而扭转长城保护工作的被动局面，已经成为文物保护工作者的共识，同时也已经成为社会各界广为关注的焦点之一。从这个意义上说，长城资源调查不仅是文化遗产保护事业发展的需要，也是时代赋予我们的任务。

随着时代的发展，人们对于包括长城等在内的文物保护的理念和认知水平也有了较大提高。比如，以前我们谈起长城，较多的是关注长城墙体本身和修筑于墙体之上的附属设施——敌台、马面、城门等。而现在随着文化遗产保护概念的扩展，我们在关注文物本体的同时，也开始注意对其环境风貌、景观的保护。对于长城而言，以前调查中容易被忽略的一些与长城有关的遗迹，如相关的生产、生活设施，长城周边的自然、人文状况等，都将成为我们这次资源调查的重要内容。

随着科学技术的进步，现代计算机、遥感技术等已经越来越多地应用于文物保护工作。全站仪、GPS 等技术、设备的引入，提高了文物调查等工作的效率和质量，数据采集的准确性、科学性也随之提高；经过多年的培养和锻炼，文物考古专业技术队伍在数量和素质上都有了较大提高，可以为长城调查工作提供人才保障；“十五”期间国家文物局组织的全国重点文物保护单位记录档案备案、全国馆藏一级文物建档备案和全国文物调查及数据库管理系统建设等三项基础工作取得了重大进展。这些项目的成果和经验，如组织管理方式、相关工作规范、技术标准等都为顺利开展和完成长城资源调查工作提供了可供借鉴的经验。

嘉峪关长城博物馆

需要特别指出的是，这次长城资源调查得到了以国家测绘局为龙头的我国测绘行业的大力支持。测绘行业有一支强大的专业队伍，掌握着先进的测绘技术，具有丰富的工作经验和可应用于长城资源调查的工作成果。我相信，有测绘部门的大力支持、参与，本次长城资源调查工作，无论在进度还是质量方面，都会有一个质的飞跃。

上述情况表明，全面开展长城资源调查工作不仅必要，而且也具备了基本条件。基于这种认识，国家文物局经过多次研究，决定根据已报经国务院领导批准的《“长城保护工程（2005—2014年）”总体工作方案》，开展长城资源调查工作。争取用较短的时间摸清长城文化遗产资源家底，为落实《长城保护条例》确定工作任务，为长城保护管理的良性发展打下坚实基础。

二、关于长城资源调查工作的几点具体要求

科学调查、全面准确掌握长城现存状况，是落实长城保护法规和管理措施的最基础工作之一。长城历史久远、时代交叠、地域广阔，情况十分复杂，这是在以往的工作中从未遇到过的。为确保顺利、高质量地完成长城资源调查任务，我们组织有关方面做了大量准备工作。

首先是建立健全了组织领导机构。国家文物局成立了“长城保护工程”领导小组及其办公室，设立了项目管理小组。在确定了与国家测绘局的合作关系后，又与国家测绘局联合成立了长城资源调查工作领导小组，确立了有效的协调、合作机制。明确这次调查由两局统一规划、部署，长城沿线各省、自治区、直辖市负责具体组织落实。确定了通过试点取得经验并培训工作骨干后再全面铺开的工作方式。在技术手段方面，除了传统的田野考古调查外，还将充分运用遥感、航空测量和信息技术等现代科技手段。与此同时，在征求各省文物和测绘部门意见的基础上，组织制定了长城资源调查标准与规范以及《全国长城资源调查工作总体方案》和《全国长城资源调查管理办法》等文件，形成了《长城资源调查工作手册》。

这个《手册》就是本次长城调查工作的操作指南，并将在3月初的全国长城资源调查培训班上印发给大家，希望大家到时认真学习研究，并应用到实际工作中。此外，为确保长城资源调查顺利实施，我们还积极筹措、落实了相关工作经费。2006年，经财政部同意，共安排专项经费3950万元用于长城资源调查工作。

在前述工作的基础上，根据实际需要和各地的工作基础，我们选择河北省和甘肃省作为长城资源调查试点。根据国家文物局、国家测绘局的部署，两省文物和测绘部门领导高度重视、精心组织，参加调查的人员克服重重困难，跋山涉水、风餐露宿、勤奋工作。通过努力，两个试点省在机构设置、队伍组织、调查方式、成果体现等方面都取得了很好的成绩和经验，并且对下一步的工作提出了宝贵的意见和建议。这些经验和建议对制定相关标准、规范和工作计划起到了重要作用。一会儿，两省将分别就试点工作进行汇报。

可以说，到目前为止，我们已经为长城资源调查工作做了较为充分的准备，在今年春天全面开展长城资源调查的基本条件已经具备。但是考虑这项工作的复杂性，在这里我还是要就即将全面铺开的长城资源调查工作提出以下几点具体要求。

（一）提高认识、统筹安排相关工作

要正确认识开展长城资源调查的重要意义。长城是祖先留给我们的世界上独一无二的世界文化遗产，是人类伟大的力量和智慧的杰出代表，是中华民族的象征。做好长城的各项工作，上承祖先，下传子孙，对于树立我国政府加强文化遗产保护的国际形象，构建和谐社会都有着积极的意义。而长城资源调查作为基础性工作，是做好长城保护各项工作，例如编制长城保护规划、安排保护修缮工程、科学合理利用的前提和保障。近两年大家的工作任务很重，特别是各地文物部门的工作多、任务重，长城所在地的省份在进行长城资源调查的同时，还要开展第三次文物普查，有的还有南水北调工程等抢救性文物保护工作。因此，大家一定要在充分认识此次长城资源调查工作重要意义的基础上，妥善处理长城资源调查与第三次全国文物普查等工作的关系，合理安排力量，确保长城资源调查工作顺利开展。

（二）加强领导，健全机构

做好长城资源调查这样一项时间紧、任务重的大型文化遗产资源调查工作，一定要充分依靠各地政府尤其是基层政府和广大民众的支持。大家回去以后，要及时向各省、自治区、直辖市政府和相关部门做好汇报、沟通和传达工作，努力争取更多的支持和配合。

各省文物部门要主动会同测绘部门及时建立长城资源调查领导机构，完善组织实施机制。从试点省份的经验来看，长城资源调查工作有必要采取省里统一组队的方式开展，而不同于第三次文物普查市县组队的方式。各省要在科学测算的基础上，科学合理设立调查队伍，选择精兵强将，把那些思想素质好、业务素养高、具有良好的身体素质的人员吸收进调查队伍，为高质量完成长城资源调查提供组织、队伍保障。

（三）精心组织，按时完成

各省应按照国家总体工作方案，尽快制定省内长城资源调查的工作方案，明确工作任务，编制工作预算。并围绕总体目标，分步组织实施。我们计划从今年开始到2010年，用四年时间完成我国长城资源调查工作。前两年集中精力开展明长城调查工作，确保2008年上半年完成明长城野外调查，下半年完成明长城调查数据汇总，

2008年年底向社会公布明长城基础数据，主要是长度数据信息。没有明长城的各省按照经批准的计划开展辖区内其他时期长城的调查工作；后两年开展其他时期长城的调查工作。2009年，发布汉、秦长城基础数据，2010年，发布其他时期长城数据，并初步完成长城记录档案和数据库建设工作。用四年的时间来实现这个计划，对我们来讲是一个很大的挑战，任务非常艰巨，需要精心组织，经过艰苦努力才有可能达到。

（四）加强协作、互相学习

这次长城资源调查工作是新中国成立以来规模最大的一次，也是文物与测绘部门第一次开展大规模的合作。希望两部门的同志在合作过程中，互相学习、精诚合作，共同完成这项前无古人的重要工作。在这里，我特别强调文物部门的同志要虚心向测绘部门的同志学习，学习他们勤奋严谨的工作作风和扎实的专业知识。同时，在实际工作中，两部门还应该在总体协作、密切配合的基础上，各司其职，切实负起各自的责任。比如，文物部门在对这项工作负总责的基础上，重点负责定性的东西，如对长城遗存的名称、性质、保存状况等进行判别和确认等。测绘部门主要负责定量的东西，如对长城及其相关遗存的具体位置、长度进行量测等。相信通过双方密切合作，我们最后一定能够拿出一份科学、准确的经得起历史考验的长城资源数据，为国家进行长城保护的一系列决策提供科学依据。

（五）服从大局、紧密配合

这次长城资源调查将在全国13个省、自治区、直辖市统一进行。长城体量超大，有相当多的长城处于两省（区、市）交界处，更有的以长城的中心线作为行政区界线，也有的长城在行政区界线附近拐来拐去，情况十分复杂。这就需要我们不仅在制订工作计划和领取工作任务时，进行明确分工，保证不漏项、不重复，而且也需要在实施过程中的反复协调。希望大家，特别是各省文物行政部门的负责同志一定要树立大局意识，在组织做好本省区的工作基础上，协调好与相邻省区的工作关系。

长城沿线各省工作基础不一，专业队伍力量差异较大。对于那些力量较为薄弱的省份，更要知难而进、迎头赶上。在立足于尽量依靠本省的力量完成相关工作的基础上,也要积极想办法争取外援，如组织高校、科研单位等社会力量来承担、完成相关工作任务。希望各省根据国家统一部署，加强领导，精心组织，严密实施，确保按时、高质量地完成相关工作任务。

（六）开源节流、加强经费管理

此次长城资源调查规模大、要求高，需要经费数额较大。除了争取国家专项经费补助以外，也希望大家回去后向当地政府和有关部门汇报，争取得到一定的经费支持。同时，各地也可以在国家法律政策制度允许的范围内争取社会资金的参与和支持。各地要制定专项经费使用管理办法，加强监管，确保专款专用，保证资金安全。

不到长城非好汉。相信在未来的一段时间内，在座的各位都要多次到长城实地开展工作，我希望大家发扬不怕吃苦、勤奋敬业的精神，高标准、严要求地对待工作，通过一流的干劲，拿出一流的成果，体现一流的工作水平，为做好长城资源调查工作贡献自己的才智和力量，成为长城调查和保护的“好汉”！

在第三次全国文物普查培训班开幕式上的讲话

（2007年5月16日）

今天，国家文物局第三次全国文物普查培训班在中原古都郑州正式开班了。来自全国各省、自治区、直辖市文物部门的学员将参加为期10天的培训，全军环保绿化委员会的代表也应邀出席此次培训班。我代表国家文物局，向为承办本次培训工作付出辛勤努力的河南省文物局、中国文物研究所表示衷心的感谢！

今年4月4日，国务院发布了《关于开展第三次全国文物普查的通知》，标志着第三次全国文物普查正式启动。文物普查是国情国力调查的重要组成部分，是确保国家文化遗产安全的重要措施，是我国文化遗产保护的重大基础工作。开展第三次全国文物普查，是为了全面掌握我国不可移动文物的数量、分布、特征、保存现状、环境状况等基本情况，为准确判断文物保护形势，科学制定文物保护政策和规划提供依据。开展文物普查，有利于推动文物保护“四有”等基础工作建设，提高文物保护管理的整体水平；有利于发掘、整合文物资源，充分发挥文物在促进经济社会全面、协调、可持续发展中的重要作用；有利于培养锻炼文物保护队伍，增强全民文化遗产保护意识。

我们各级文物部门作为此次文物普查的主力军，要将文物普查作为今后几年文物工作的重中之重。国家文物局已经发出《关于落实国务院通知精神认真做好第三次全国文物普查的通知》，对贯彻落实国务院通知精神，开展文物普查的有关工作做了具体部署。各级文物部门要按照国务院通知精神和国家文物局的相关要求，在思想上深刻理解文物普查的重要性，从维护国家文化主权和文化安全，实现全面、协调、可持续发展的战略高度来充分认识和重视文物普查，集中力量，积极推进普查工作。

国家文物局第三次全国文物普查培训班开学典礼

我们要通过文物普查开展一次全行业大练兵，使我国文化遗产保护管理的整体水平取得明显提高。各级文物主管部门在普查过程中要切实承担起普查办公室的重要职责，敢于出头，大胆管理，主动协调各有关方面开展工作。广泛宣传文化遗产保护理念，及时解决发现的文物保护管理问题，落实相关的保护措施，树立积极有为的文物行业形象和威信。

参加这次培训班的全体同人，都要十分珍惜这次难得的学习锻炼机会，充分发挥自身的专业特长，并善于学习和吸取各方面新的理念、知识和技能，使自己的综合能力得到全面提高。同时，继承和发扬吃苦耐劳、艰苦奋斗的优良传统，坚持科学严谨的工作态度，深入细致的工作作风，展示出新时期文物工作者的良好精神风貌。“上穷碧落下黄泉，动手动脚找东西”，以我们的心血和汗水，把散落在华夏大地上的文物珍宝，缀合成中华民族文化遗产的美丽图卷！

培训工作是文物普查顺利开展的重要条件。参加此次国家文物局培训班的学员都是长期从事古建筑保护、考古工作的专业人员和经验丰富的管理人员，培训结束回到各省市以后，还要担任本地区文物普查培训的教员。我们每一位同志都担负着重要的责任和各省市文物部门的信任，国家文物局也对你们寄予厚望！

我们希望，各位学员能够从现在起集中精力，端正态度，首先当好学生。此次培训的内容主要是文物普查的标准规范和数据采集软件。虽然大家都有较强的工作能力，有的人还参加过文物普查，但是第三次全国文物普查适应时期文化遗产保护发展的趋势和要求，采用了先进的理念和技术手段。组织这样大规模的文物普查，凭经验、吃老本是不行的，必须静下心来认真学习，以从零开始的心态来积极应对新的挑战。

同时，我们也希望大家能够结合本地区文物工作的实际情况，勤于思考，深入交流。在学习过程中就要进入普查工作的“实战”状态，随时随地从今后开展普查实际工作的角度来思考问题。对发现的问题要及时向教员提出来，通过共同研讨促进问题的解决，做到“教学相长”。

10天的时间是十分短暂的。如何最大限度地利用好这些时间，掌握文物普查的基本理念和知识，并在今后各地区的培训工作中将这些理念和知识及时传播到全体普查人员中，需要我们的共同努力。相信大家都会交出一份满意的答卷。

多年的文物工作经历使我们对祖国的文化遗产有着深厚的感情。在5年时间里完成全国文物普查，时间紧，任务重，确实是对各级文物部门和我们每一位文物工作者的巨大考验。但是，推土机的轰鸣已经容不得我们瞻前顾后、迟疑不决！面对考验，我们唯有竭尽所能，全力以赴，紧紧抓住第三次全国文物普查这一宝贵的历史机遇，将更多的文化遗产纳入保护范围，坚守住中华民族历史文化仅存的血脉，方能无愧于先祖，不负于子孙！

在第三次全国文物普查培训班上的动员报告

（2007年5月16日·河南郑州）

2007年4月，国务院发出《关于开展第三次全国文物普查的通知》，第三次全国文物普查正式启动。此次普查适应我国文化遗产保护发展新的趋势，是我国文物工作者的一次全行业大练兵，是各级领导干部文化遗产保护理念的大培训，是社会公众参与文化遗产保护的大宣传，对促进我国文化遗产保护发展全局将产生重大和深远的影响。

一、文物普查的意义和历史经验

（一）文物普查对我国文化遗产保护发展具有重要意义

文物普查是国情国力调查的重要组成部分，是确保国家历史文化遗产安全的重要措施。开展文物普查有利于全面掌握不可移动文物的数量、分布、特征、保存现状、环境状况等基本情况；有利于准确判断文化遗产保护形势，为科学制定文化遗产保护政策和发展规划提供依据；有利于带动不可移动文物保护范围的确定、标志说明、文物档案、保护机构等基础工作建设，提高文化遗产保护管理的整体水平；有利于培养锻炼专业人员，提高文化遗产保护队伍的整体素质；有利于提升全民文化遗产保护意识。

文物普查是我国文化遗产保护事业发展的重要基础。文化遗产作为一种特殊的资源，它的价值的认知首先在于发现，发现是文化遗产保护的前提和基础。正是由于人们在寻找文明中善于借助发现和认知，不断地向着认识客体的深度、广度，向着认识主体能力的高度，向着认识工具的多样性和精确性进步，人类才能对自身文明的发展进行更深入的再认识，并在此基础上创造出新的更加辉煌的文明成果。因此，文物普查同样是富于创造性的保护行动，是文化遗产保护发现、认识、创新和发展过程的基石。

总之，文物普查意义重大，直接关系到我国文化遗产保护事业发展的根本。我们应当更为积极、主动、广泛和经常地开展文化遗产调查、登记工作，使更多面临险境的文化遗产能够得到及时发现和切实保护。

（二）前两次全国文物普查的历史作用

早在 1956 年，国务院在《关于在农业生产建设中保护文物的通知》中就提出：“必须在全国范围内对历史和革命文物遗迹进行普查调查工作。”这是在全国范围内进行的第一次文物普查，是文物保护工作中十分重要的一项基础措施。1961 年 3 月国务院颁发《文物保护管理暂行条例》，再次强调：“各级文化行政主管部门必须进行经常的文物调查工作。”

1981 年，我国又开展了第二次全国文物普查，参加普查人员 9.4 万余人，普查的规模和成果都远远超过第一次普查，实现了对文物资源的抢救性发现和超常规积聚。在第二次文物普查的基础上，我国共调查登记不可移动文物 40 余万处，并先后公布了 2351 处全国重点文物保护单位，8000 余处省级文物保护单位，60000 余处市县级文物保护单位。

但是，由于以往文物普查各方面条件所限，漏查甚至根本没有开展普查的情况相当普遍。比如，在第二次全国文物普查中，就有320个县没有开展普查。从20世纪80年代初至今的20多年间，我国没有再组织全国性的文物普查，而这一时期正处于我国城市化加速进程和大规模的城乡建设高潮。在城乡建设和文物调查中新发现了大量的不可移动文物，另有许多文物因人为或自然原因遭到损毁甚至消失。因此，前两次全国文物普查成果已很难准确反映文物保存的实际状况。

（三）国际上文化遗产调查和登录的成功经验

建立文化遗产的调查和登录制度是世界各国保护文化遗产的重要经验。其制度的主要特点在于：对大量的、各类文物古迹（建筑）进行注册、登记，采取措施予以保护。在保护历史古迹的同时，尤其重视近现代史迹的保护。对登录对象有保护法规的约束，但是在保护方法上具有灵活性，以满足所有者对使用功能的新要求，便于历史建筑的合理再利用。积极地利用税收制度，鼓励企业和私人业主（遗产的拥有者）投资遗产保护，减免或减征相关税利。通过遗产所有者自己的申报以及较为灵活的柔性保护方式，推动全社会文化遗产保护运动的广泛展开。重视大众媒体的宣传作用，启发公众对文化遗产的兴趣和重视，以增强保护意识，达到有效保护的目的。

以法国为例，法国于20世纪60年代开展了被称为“大到教堂，小到汤匙”的第二次文化遗产大普查。这次普查新发现了一大批文化遗产，建立了每处文化遗产详细、明确、标准化的资料和说明，进一步摸清了法国文化遗产资源的基本情况，许多具有重要价值的文化遗产因在普查中被及时发现而免遭破坏。同时，普查对于法国学者开展相关领域科学研究的学术贡献更是难以估量。最为重要的是，通过这次普查，不但进一步增强了法国国民的文化遗产保护意识，而且使他们的文化遗产价值观发生了深刻变化，保护文化遗产成为法国社会的普遍共识。

（四）文物普查应当拓宽视野，立足于抢救保护

国内外文化遗产普查的经验表明：应当根据文化遗产保护理论研究的深入和保护观念的进步，及时地调整、拓展和完善普查工作，更多地关注那些以往未能引起足够重视或根本未加保护的文化遗产种类，使更广泛的文化遗产得到保护。

保护文化遗产，不应有“盲区”或“死角”。要注重保护那些“能够见证某种文明、某种有意义的发展或某种历史事件的城市或乡村环境”，其中不仅包括“伟大的艺术品”，也包括“由于时光流逝而获得文化意义的在过去比较不重要的作品”。

既要重视“雅”文化、精英文化，也不能忽视“俗”文化、大众文化的遗存。不但注重文化遗产的利用价值，更要重视其最为重要、最为根本的历史价值、文化价值和情感价值等。要进一步强调近现代史迹、代表性建筑物及历史环境的保护，不能割裂历史，人为地制造“断层”。

要将普查作为抢救保护文物的一项重要基础工作，树立文物是资源和财富的概念。在普查中判断取舍予以登记和列入文物保护单位的文物，应当实事求是，严格按照文物的价值和普查的标准规范进行认定。坚持“宜宽不宜紧”的原则，首先立足于多保护，以免遗珠之憾。

我国的文物普查是由各级政府负责组织实施的，普查结果由地方政府逐级上报汇总形成。这种做法具有充分发挥各级政府保护管理文物积极性的优势，但是也要避免局限性。一些地方存在的“文物普查项目列入越多包袱越重，应该越少越好”“文物保护单位定得越多责任越大，不要作茧自缚”的观念，甚至以主观意志决定文化遗产保护数量的做法，都是十分不负责任的。至于采取“虚报、瞒报、拒报”的做法，更是严重的违法行为。

我们要深刻认识文物作为稀缺的文化财富，是当地经济社会实现全面、协调和可持续发展的宝贵资源和不竭动力。因此，站在积极的或者战略的角度看，普查的文物数量多是有利于地方发展的好事，这些珍贵的文化遗产都是重要的“财富”和资源。只有站在消极或短期行为的角度看，才会把文化遗产视为一种“包袱”或负担。

（五）建立和完善文化遗产登录制度

目前，我国受法律保护的不可移动文物数量偏少。这不仅与我国拥有悠久的历史和丰富的文化遗产资源不相称，也与我国广袤的国土面积以及应得到保护文物的存量和价值不相称。这一状况不但与文化遗产保护先进国家，而且与同为文明古国、又是发展中国家的埃及、印度等国相比也有明显差距。由此造成我国大量文化遗产因缺乏法律的保护，在大规模城乡建设和城市化进程中快速地消失，令人痛惜不已。

我国文物保护单位制度经过半个世纪的实践，成功和有效地保护了大批重要的文化遗产。2002 年修订的《文物保护法》更进一步对文物保护单位的保护措施做出了具体规定，为文物保护单位的保护提供了强有力的法律保障。因此，根据当前保护和抢救文化遗产的需要，在文物普查过程中，应及时对所发现的珍贵文化遗产予以科学评价，并在此基础上，尽快将其公布为各级文物保护单位，依法予以有效保护。只有赋予相应的法律地位，该文化遗产的价值才能获得真正意义上的确认，否则即使经过普查也仍然难逃再消失的厄运，对此我们是有过深刻教训的。普查是文化遗产得到保护的前提，法律才是文化遗产得到保护的保障。

同时，我们也要进一步完善文物保护单位制度，制定更为科学的、适应当前文化遗产保护实际的文化遗产评估和申报办法，研究新型文化遗产的保护登录问题，例如乡土建筑和历史文化村镇、传统民居和历史文化街区的保护登录制度，导入已为国际社会证明行之有效的文化遗产保护登录制度。

二、文物普查的现实条件

2005 年年底的全国文物局长会议上，国家文物局提出了在“十一五”期间进行一次全国文物普查的设想，得到了与会者的一致肯定和支持。2006 年 5 月，国务院领导在国家文化遗产保护领导小组第一次会议上明确指出要组织开展第三次全国文物普查，随后又批示同意了《文化部关于拟开展第三次全国文物普查工作情况的报告》。

总的看来，第三次全国文物普查的前期准备工作进展顺利，并得到了国务院和地方各级政府、有关部门及社会各界的积极支持和参与。这充分反映了我国文化遗产保护社会总体意识的增强，也表明了各有关方面对文物普查的一致肯定和高度认同，为全面开展文物普查建立了扎实的工作基础和良好的社会氛围。

三、全力以赴推进第三次全国文物普查

第三次全国文物普查涉及范围广、质量要求高，工作任务十分艰巨。国家文物局已经发出《关于落实国务院通知精神认真做好第三次全国文物普查的通知》，对贯彻落实国务院通知精神，开展文物普查的有关工作做了具体部署。我们各级文物部门作为此次普查

的主力军，必须按照国务院通知精神和国家文物局的相关要求，充分认识文物普查的重要性、紧迫性、艰巨性，全面动员、精心组织、扎实推进普查工作。

（一）加强领导、建立机构

文物普查是由政府主导并组织实施的重要国情国力调查。各级政府有力的组织领导是普查工作得以顺利开展的关键因素。为加强文物普查工作的组织和领导，国务院已经成立了以国务院领导为组长的第三次全国文物普查领导小组，负责普查工作的组织和领导，协调解决重大问题。领导小组办公室设在国家文物局，负责普查工作的日常组织和具体协调。

为此，国家文物局已经设立了由局领导亲自负责的国家文物局第三次全国文物普查工作领导小组，领导小组下设文物普查办公室，负责指导、协调普查实施工作。文物普查办公室设业务指导组、技术应用组、资金设备组和宣传组，分别负责相关工作。

地方各级政府要按照国务院通知的要求，设立相应的普查领导小组及其办公室，认真做好本地区文物普查的组织实施工作；保障文物普查经费，并列入相应年度的财政预算，按时拨付，确保到位。普查领导小组要切实承担起组织实施文物普查的重要职责，指导普查办公室和有关部门开展工作，协调解决本地区普查工作中遇到的重大问题。

地方各级文物部门要主动争取当地政府对普查工作的领导和支持，及时报告普查工作进展，抓紧落实普查机构设置，选派精兵强将组成专门的工作班子，充分发挥普查办公室的组织协调作用，依靠当地政府积极开展文物普查工作。

（二）加强协调、深化合作

文物普查涉及不可移动文物管理的方方面面，需要各有关部门既各司其职、各负其责，又通力协作、密切配合。各级文物部门要主动和各有关部门协调普查工作，深入了解各部门对文物普查的意见和建议以及相关法律法规的规定，认真学习借鉴农业普查、经济普查、污染源普查等其他普查工作好的经验和做法。

各级文物部门要向普查涉及的有关单位充分说明文物普查的意义和要求，在保证普查质量的同时，尊重相关单位的管理规定，尽量减少普查对正常工作的影响。要严格按照《统计法》《档案法》等有关法律法规的规定，与统计、档案等部门共同做好文物普查数据资料的管理、发布、档案保存和涉密内容的保密工作。

部队使用和管理着一大批不可移动文物。总后勤部基建营房部已被列为国务院第三次全国文物普查领导小组的成员单位，并向全军发出了《关于开展军事管理区文物普查工作的通知》，这充分表明了人民军队对祖国文化遗产的重视和爱护。考虑到国防建设的特殊要求，文物部门可以采取和部队联合开展调查等更加灵活的方式，通过此次普查比较全面、清晰地掌握部队使用管理的文物的基本情况。

文物部门要与各有关部门在文物普查中密切配合，深化合作，充分发挥在各自领域的优势条件，拓展文物普查的广度和深度，扩大文物普查的影响范围，取得更加丰富的工作成果。落实商务部、国家文物局《关于加强老字号文化遗产保护工作的通知》，与商务部门通过文物普查摸清老字号文化遗产资源，有力地推动老字号的保护工作。加强与测绘、建设规划、国土等部门的密切合作，充分利用已有的数据资料，通过普查建立我国不可移动文物的电子地图。国家文物局和国家测绘局已经签署协议，联合开展长城地理信息资源调查，并将在文物普查中开展进一步的合作。

（三）统筹安排，集中力量

各级文物部门要把文物普查作为近几年各项工作的重中之重，抓紧制定普查工作的总体计划和各阶段的实施方案。由于文物普查涉及范围广、时间短、任务重，在当前文物保护工作十分繁重的条件下，必须合理统筹安排，调整工作重心，集中人、财、物各种资源，优先保障普查工作的顺利开展。要适当收缩战线，避免过度分散使用力量。除文物普查、列入《国家“十一五”时期文化发展规划纲要》的重点工作和因国家重大基本建设工程必须开展的文物保护工程和考古工作外，暂停审批为科研目的进行的考古发掘和非急需的文物保护工程，严格控制文物保护项目的数量和规模。

各省级文物部门要切实承担起组织实施本地区文物普查的重任，根据当地的实际情况确定普查的技术路线和组织方式，合理配置专业人员力量。充分发挥各省市文物考古研究所、古建所等业务单位的主力军作用，下决心抽调一大批专业人员充实到普查工作的第一线。被抽调人员的单位要讲原则、顾大局，优先保障普查工作的顺利开展。加强基层工作力量，重点保障普查组的人员需要，每个普查组都要配备专业能力强、素质高的专业人员，确保第一手普查资料的准确性和科学性。

（四）抓紧开展试点、培训

本次普查时间安排很紧，第一阶段到今年9月底结束，届时试点、培训工作将基本告一段落。由于我国地域辽阔，文物内涵十分丰富，各地文物特点差异很大，普查的许多具体问题不能搞“一刀切”，及时做好试点、培训工作十分重要。

各级文物部门要抓紧制定普查的试点、培训方案，突出针对性和可操作性。根据本地区文物资源的特点，来相应确定试点、培训的重点和具体方式。根据试点省市的经验，可以“以试代训”的方式，结合普查人员培训，进行小范围短时间的试点工作。

培训工作要强调从严、从难、从实际出发，决不能流于形式走过场。要充分考虑到实际工作可能出现的各种复杂情况，合理设置培训课程和内容，使学员对普查的各项要求形成明确的认识，掌握统一的技术标准和工作规范。从而避免出现普查人员受地域局限，难以准确判断某些文物在我国文化遗产全局中的地位和价值，遗漏一些很有价值的文物的情况。

普查人员在试点、培训过程中，不仅要熟练掌握普查知识和技能，更要继承和发扬文物工作者吃苦耐劳、艰苦奋斗的光荣传统，达到磨炼意志、锻炼队伍的目的，并把这一优良作风切实贯彻到普查工作中去。

通过试点、培训，严格检验普查的标准规范、软件设备、技术路线、组织模式等各方面在实际工作中的效果，及时发现和解决一些在本地区具有相对普遍性的实际问题，统一普查人员对相关问题的认识,进一步完善和细化普查工作方法,为普查全面展开打好基础。

（五）突出重点，提高科技含量

此次普查要以调查、登录新发现的不可移动文物为重点，尤其是要深刻认识当前我国文化遗产保护发展的趋势，扩大文化遗产保护的范畴。各级文物部门要按照国家文物局有关文件的要求，着重加强对工业遗产、乡土建筑、文化景观、文化线路、文化空间、老字号、近现代优秀建筑、当代遗产等以往工作基础比较薄弱的文化遗产种类的普查工作。要把普查和申报文物保护单位区分开来，凡是符合认定标准，具有历史、艺术、科学价值的文物均应予以登记，而不能只登记重要文物。为此，本次培训班还特别邀请了清华大学的张复合、陈志华教授讲授近现代文化遗产和乡土建筑保护。

对于某一文化遗产品类分布密集的地区可以结合普查工作，开展专项调查和课题研究，扩大普查的工作成果。如对古村落中的乡土建筑，老工业区、商业区的工业遗产、老字号，长城、大运河沿线文化遗产的专项调查等。但是要注意避免影响普查的质量和进度，不能本末倒置。

充分运用信息网络、遥感、地理信息系统和全球卫星定位系统等现代科技手段，提高文物普查的时效性和相关标本、数据采集的真实性、完整性。这是本次普查区别于前两次普查的重要特点和优势所在，直接关系到普查成果的质量以至于整个普查工作的结果。

由于这些现代科技手段在文物部门尤其是一些基层单位应用还不广泛，许多同志还不熟悉，这就需要我们加强学习，尽快做到熟练掌握。要通过此次普查，培养锻炼一大批业务骨干，使我们各级文物部门的文化遗产保护理念和运用现代科技保护手段的能力有一个飞跃式的发展，提升我国文化遗产保护事业的整体水平，为实现文化遗产保护的科学化、信息化、规范化管理奠定坚实的基础。

（六）积极宣传、广泛动员

文物普查是我国当前最大的文物保护工程，也是将文化遗产保护理念送进千家万户的文化工程、教育工程、民心工程，是文化遗产保护的公众参与性的集中体现。文物普查规模浩大，仅仅凭借文物部门的力量是远远不能胜任的，必须广泛动员社会力量，依靠民众的经验和智慧，才能把三五个人的普查组变成成百上千的普查大军，才能把我们自身看不到、找不着的文物线索一条条汇集起来，成为普查地图上的一个个文物点，使普查工作的成果最大化。

各级文物部门要通过各种方式，尤其是充分发挥新闻媒体和网络传播的重要作用，利用文化遗产日等重要节庆和文物普查重大活动的开展，广泛宣传普查工作和文化遗产保护理念，公开征集文物线索，使文物普查家喻户晓。设立文物普查的网站、媒体信箱和专栏，为社会公众了解和参与文物普查提供快速便捷和互动良好的交流平台。每一个普查队员既要是文物调查的行家，也要是宣传文化遗产保护的能手，把文化遗产保护的理念带到普查的每一个厂矿、街道、村庄和学校。

要善于动员和引导社会公众参与文物普查。可以通过公开招募的方式，鼓励和吸收一些热心文物保护的志愿者加入普查工作，对有突出贡献或者提供重大文物线索的，予以表彰和适当的物质奖励，并且组织新闻媒体进行集中宣传报道，扩大文物普查的社会影响和声势，通过典型的示范作用带动更多的人主动参与到文物普查中来。对社会公众主动提供的可移动文物征集线索，也要予以热情回复。要积极支持各高校和有关科研机构结合学生实习和科学研究，参与文物普查，发挥他们在各自领域的专业优势。重视发挥业余文物保护员的重要作用，这些同志长期在基层文物保护一线工作、生活，熟悉情况，是我们文物普查工作中最可信赖的一支基本力量。

在国务院第三次全国文物普查领导小组会议上的汇报

（2007 年 5 月 22 日）

现在我向领导小组汇报第三次全国文物普查工作进展的有关情况。

一、已开展的工作

（一）前期准备工作

2005 年年底，国务院发布了《关于加强文化遗产保护的通知》，明确要求加强文物资源调查研究。按照国务院通知的精神，国家文物局在随后召开的 2005 年度全国文物局局长会议上提出了在“十一五”期间进行一次全国文物普查的设想，得到了与会者的一致肯定和支持。

2006 年 5 月，国务委员陈至立在国家文化遗产保护领导小组第一次会议上明确指出要组织开展第三次全国文物普查，随后又批示同意了《文化部关于拟开展第三次全国文物普查工作情况的报告》。

2006 年年底，国家文物局召开了第三次全国文物普查工作会议，各有关部委和地方文物行政部门的同志出席了这次会议。会议听取了试点省市的经验介绍，在全国文物博物馆系统中进一步统一了思想，明确了集中力量开展第三次全国文物普查的总体目标。

国家文物局组织有关专业单位开展了文物普查标准规范的制定工作。我们总结了近年来开展的文物基础工作建设以及各地试点工作的经验，研究借鉴了全国经济普查、全国农业普查等其他种类普查的工作模式，征求和吸收了各地文物部门的意见，经过反复的论证修改，形成了文物普查的相关标准规范。根据普查的标准规范，开发了文物普查采集软件，并正在完善相关的信息管理系统。通过文物普查信息管理系统将实现普查信息数据录入、核查、保存和分析整理全流程的科学管理。

（二）积极开展普查试点

在当地政府和国家文物局的支持下，河南、内蒙古、宁波、广州等地文物部门率先组织了本地区的文物普查试点工作。各地在普查试点中都能根据本地区文物资源的特点和实际情况，因地制宜地制定普查工作方案，广泛动员各有关方面的力量，取得了可喜成果，并为全国普查工作积累了宝贵的经验。

内蒙古自治区确定了赤峰市、呼和浩特市和阿拉善盟三个盟市进行文物普查试点，组建了21个普查队，动用人力约2万人次，普查面积约16万平方千米。河南省采取全面普查和重点调查相结合、传统普查方法和现代科技手段相结合、专业队伍和社会力量相结合、新发现和复查相结合的方法，在郑州、三门峡等4市15个县进行了试点。试点地区民众踊跃参与普查工作，提供了文物线索3000多条。

广州市将文物普查工作一直动员到街道、村镇等基层单位，组织新闻媒体集中、持续报道文物普查，使普查工作深入人心。根据普查成果编辑的《广州市文物普查汇编》花都区和荔湾区两卷已经正式出版。宁波市文物部门充分发挥高等院校的专业优势，与宁波大学合作重点对古村落进行详细的调查，形成了古村落价值评价体系。

（三）近期工作进展

今年4月，国务院印发《关于开展第三次全国文物普查的通知》，标志着第三次全国文物普查正式启动。国家文物局随即向各省级文物部门发出《关于落实国务院通知精神认真做好第三次全国文物普查的通知》，对贯彻落实国务院通知精神，开展文物普查的有关工作做了具体部署。

国家文物局设立了由局领导班子负责的国家文物局第三次全国文物普查工作领导小组，领导小组下设文物普查办公室，负责指导、协调普查实施工作。文物普查办公室设业务指导组、技术应用组、资金设备组和宣传组，分别负责相关工作。

5月16日至25日，国家文物局在河南郑州举办第三次全国文物普查培训班，对各省级文物部门负责文物普查的专业人员和管理人员100多人进行了培训。培训的主要内容是普查的相关法律法规、标准规范和技术要求，邀请了国内著名专家讲授乡土建筑、近现代文物等文化遗产种类的特点和调查要求，并将组织学员在试点县市进行调查实习。

各地按照国务院通知的要求，积极开展文物普查的各项工作。湖南等地已经落实了文物普查机构，成立了由政府负责人担任组长的文物普查领导小组。各级文物部门认真学习国务院通知精神，将文物普查作为近几年文物工作的重中之重，发挥普查办公室的重要作用，制定普查工作计划和培训方案，组织实施试点培训。

总的看来，在国务院的领导下，第三次全国文物普查进展顺利，并得到了各级政府和有关部门、社会各界的积极支持和参与。这充分反映了我国社会文化遗产保护总体意识的增强，为全面推进文物普查奠定了良好的工作基础。

二、下一阶段拟开展的工作

《国务院关于开展第三次全国文物普查的通知》已经明确了第三次全国文物普查从 2007 年 4 月开始，到 2011 年 12 月结束，分三个阶段进行。我们将重点开展以下几项工作。

（一）组建普查队伍，制订工作计划

各地按照国务院通知的要求，组建相应的文物普查工作机构，根据本地区文物资源分布和人员力量的实际情况，制订切实可行的文物普查工作计划。各省级文物普查机构要按照普查工作计划，统筹安排组织本地区的文物普查队伍，合理配置专业人员力量，充分发挥各省市文物考古研究所、古建所等业务单位的主力军作用，积极组织高等院校和科研机构等社会力量参与，重点保障第一线的普查组人员需要，确保专业技术人员到位。市县普查机构根据省级普查机构的统一安排，落实相关的组织工作。

（二）颁布标准规范、印发普查手册

国家文物局将通过文物普查培训进一步检验普查标准规范的科学性和可操作性，根据培训中发现的问题对标准规范进行修改完善后颁布实施。同时，我们将文物普查涉及的法律法规、标准规范和有关文件资料汇编成文物普查手册，将于近期公开出版，以便于全

国各级文物普查机构和普查队员查询和使用，也有利于向社会公众宣传文物普查工作。

（三）组织培训、试点

国家文物局已经组织对省级文物普查机构的管理人员和专业技术人员进行了培训。省级文物普查机构也要组织本地区的普查培训，培训对象是本省各级普查办公室工作人员和所有参加此次普查的队员。各地可以“以试代训”的方式，结合试点工作，进行普查人员培训。

（四）开展实地调查，检查、录入资料

各普查队、组以县域为基本单元，对不可移动文物进行现场勘察、测量、标本采集、绘图、拍照、录像等，认真做好文物数据和相关资料的采集和登记工作。各级普查办公室及时检查、整理和录入普查数据和相关资料，确保其真实性和完整性。

（五）整合、汇总资料，形成普查成果

由省级和全国文物普查办公室对普查的数据和相关资料进行整合、汇总和验收。形成普查成果，包括：建立全国不可移动文物编码系统、电子地图、信息管理系统，编制第三次全国文物普查档案、工作报告，公布不可移动文物名录。

三、需要各部门支持的问题

（一）成立文物普查领导小组办公室

按照国务院通知的要求，国务院第三次全国文物普查领导小组办公室设在国家文物局。为了落实领导小组的工作部署，加强各部门的协作，建议正式成立普查领导小组办公室。国家文物局已函请各有关部门确定一位司局级负责同志担任领导小组办公室的联络员。

领导小组办公室的工作主要是落实领导小组对普查工作的各项决定和要求,督促检查各部门和各地开展文物普查工作的进展情况。近期我们将召开办公室会议，研究落实本次领导小组会议精神的具体措施。今后还将以发函或派出检查组实地督察的形式督促各地开展普查工作。

办公室也可以通过办公室会议或组织有关部门会商的形式，迅速有效地处理普查组织实施中需要多个部门协调解决的具体问题。对普查工作中遇到的重大问题，协商各有关部门提出初步的处理意见报领导小组决定。

（二）各部门动员本系统对文物普查予以支持

我们普查领导小组的成员单位都与文物普查有着十分密切的关系，或是综合部门，或是使用管理文物资源，或是掌握普查技术和基础信息等。国务院通知下发以后，各地的有关部门都积极协助文物部门开展普查工作，但由于基层部门对文物普查的特点和要求了解较少，难免会影响到协作的实际效果。

因此，我们希望能就需要协助的具体工作内容和各部门沟通一致后，由各部门单独或与国家文物局会签的形式将此次普查承担的工作以通知的形式下发给地方各级相关部门，以便于在实际工作中贯彻执行。如部队使用和管理着一大批不可移动文物。全军环保绿化委员会已向全军发出了《关于开展军事管理区文物普查工作的通知》，这充分表明了人民军队对祖国文化遗产的重视和爱护，相信通过此次普查能够比较全面、清晰地掌握部队使用、管理文物的基本情况。

（三）落实普查经费

必要的文物普查经费是推进普查工作的重要条件。本着“节俭办事、厉行节约”的原则，我们初步估算第三次全国文物普查经费总额为9.76亿元。其中中央财政预算支出4.2亿元，用于中央本级的5694万元，补助地方36515万元。中央补助地方的经费将主要用于普查专用设备购置（1.22亿元）、田野普查补助（1294个贫困县及西部地区1.68亿元）、培训费（4367万元）和资料整理、报告出版（3100万元）等。预算的测算依据借鉴了试点工作经验，并剔除了“馆藏文物调查数据库建设”项目的重复投入因素，应该说是实事求是的。

西部地区以往文物普查工作基础相对薄弱，此次普查中新发现不可移动文物数量增长的潜力最大。但由于当地条件艰苦、人员匮乏，工作中面临的困难也最多。鉴于西部地区目前经济发展的实际水平，由中央财政提供专用设备购置和田野普查补助经费对普查工作十分关键。如果缺少这部分经费，第三次文物普查难以在西部如期开展，进而将影响到此次文物普查工作全局。

财政部对文物普查工作给予了很多支持，提出了很多好的意见和建议，希望能够继续加大支持力度，根据文物普查工作的实际需要，及时确定此次文物普查中央财政预算，保障普查工作的顺利开展。

在国务院第三次全国文物普查领导小组办公室第一次会议上的讲话

（2007 年 6 月 12 日）

今天下午的会议开得很成功。大家都十分重视此次文物普查，工作讨论很深入，提出了很多好的意见和建议，达到了预期的效果。现在我就领导小组办公室的工作再谈几点意见。

一、开展督察，抓好落实

根据国务院通知的要求，领导小组办公室负责普查工作的日常组织和具体协调，这个职责是非常重要的。具体说来，领导小组办公室最主要的工作就是落实领导小组对普查工作的各项决定和要求，督促检查各地区、各有关部门开展文物普查工作的进展情况。今天的办公室会议就是要落实领导小组第一次会议的精神，今后我们还将根据普查工作的实际需要，不定期地召开办公室会议，研究落实领导小组决定的具体措施，并以发函或派出联合检查组实地督察的形式督促各地区开展普查工作。

二、加强协调，密切配合

文物普查涉及面广泛，需要各有关部门的相互协作。由于领导小组会议原则上每年只开一次，办公室将承担文物普查大量的日常组织协调工作。我们要通过办公室会议或组织有关部门会商的形式，迅速有效地处理普查组织实施中需要多个部门协调解决的具体问题。对普查工作中遇到的重大问题，办公室将协商各有关部门提出初步的处理意见报领导小组决定。这项工作离不开各有关部门的积极支持和配合。我们在座的各位作为办公室成员，尤其要发挥在各部门间的联系沟通作用，通过我们的共同努力使各有关部门在文物普查工作中能够协调一致、形成合力。

三、建立制度，规范工作

我国历史悠久，地域辽阔，各地文物资源情况差异很大。开展全国性的文物普查，必须要有统一规范的工作方案、制度和技术标准，以利于实际操作和实现信息数据共享。领导小组高度重视此项工作，要求办公室抓紧制定文物普查的工作方案、技术标准规范，各部门要分别下发开展普查工作的通知。国家文物局经过反复修改已经形成了工作方案和标准规范的征求意见稿，请大家回去以后认真研究并提出修改意见。各有关部门单独或与国家文物局联合下发文物普查通知，制定管理办法等项工作对推动文物普查，尤其是指导基层部门的工作有重要的实际意义。希望大家回去以后尽快向本部门的领导汇报，对贯彻领导小组的决定和落实相关工作，拿出一个明确的意见来。

四、交流信息，编发简报

目前，第三次全国文物普查已经全面启动，各地区、各部门积极部署推进，普查工作不断取得新的进展。例如 5 月底我到广西出席了广西壮族自治区第三次文物普查领导小组办公室暨文物局挂牌仪式。通过开展普查工作，也带动了文物部门的建设。但是我们也感到，向各地区、各部门通报文物普查的进展情况还不够及时，许多信息没有迅速反映到上级部门和相关单位，在社会公众中的影响也比较小，甚至处于默默无闻的状态，十分不利于普查工作在全社会的整体推进。因此，我们要按照领导小组的要求，大力加强文物普查的宣传工作。建立文物普查网站，及时向社会公布有关信息，并作为听取公众意见和建议的重要渠道，实现政府、部门和社会公众间的互动交流。

第三次全国文物普查将历时近五年，调查数十万处不可移动文物，对我国文化遗产保护事业的发展将产生极其深远的影响。国务院领导小组高度重视此次文物普查，各有关部门积极参与，这些都极大地增强了我们做好普查工作的信心和决心。作为国家文物局局长，我衷心感谢各部门的同志们对文物普查的热情支持；作为办公室的一员，我也深信，我们办公室的全体成员都能够深切体会文物普查的重要性和紧迫性，竭尽所能地关心和支持这项工作，共同推进祖国文化遗产保护事业取得新的更大发展！

在国家文物局第三次全国文物普查办公室组建会议上的讲话

（2007年7月30日）

今天，国家文物局第三次全国文物普查办公室正式组建并开始工作。国家文物局机关各司室和有关直属单位的负责同志表态都很明确，就是积极支持普查办的工作，这就为我们普查办公室的工作开了一个好头。下面我对文物普查和普查办公室的工作谈几点意见。

一、要充分认识文物普查的重要意义

国务院适时做出开展第三次全国文物普查的战略决策，为我们进一步夯实文化遗产保护工作基础，实现新时期文化遗产保护的可持续发展，提供了前所未有的宝贵历史机遇。我要再次强调的是，文物普查是国家文物局和全国文物系统近五年的中心工作，是重中之重。我们在这个认识上坚定不移。这一点我们已经多次讲过，今后仍然会继续坚持。各司室、各单位一定要按这个大原则来统一思想、提高认识，全力推进第三次全国文物普查工作。

二、要发挥普查办公室的重要作用

为了加强文物普查的工作力量，进一步提高效率，促进工作，国家文物局局务会议研究决定组建国家文物局第三次全国文物普查办公室，专门从事文物普查工作。普查办公室的主要工作职能是制定和组织实施全国文物普查工作年度计划；编发文物普查工作文件；汇总各地区文物普查工作进度，监督、指导和检查各地开展各项文物普查工作；组织专家论证、调研文物普查工作中的重大问题，并提出处理意见；编制中央财政本级文物普查专项经费预算草案；承担国务院领导小组办公室的具体工作；组织实施文物普查宣传工作和国家文物局交办的其他有关文物普查的工作。

普查办公室成立以后，要立即进入工作状态，投入普查工作。首先，要抓好制度建设。建立健全一套严密的工作制度，包括人员职责、工作程序、档案管理等。做到有章可循，按章办事。其次，是严格工作纪律，树立良好的工作作风。要本着认真负责的工作态度，力戒拖沓推诿，做到工作及时、高效、细致、周到。

参与组织实施全国文物普查，对我们普查办公室的每一位成员来说，都是一个学习和锻炼自己的难得机遇。将组织文物普查工作的重任交给你们，对你们寄予了厚望。全国文物系统也都在看着你们。我相信，你们能够以出色的工作表现来证明自己，圆满地完成文物普查的各项工作。

三、要建立职责明确、团结协作的工作机制

普查办公室建立以后，将会承担文物普查的大量具体工作。但是，普查办公室更重要的是要发挥组织协调作用，不能一手包办，更不能孤军奋战。要与机关各司室、各直属单位和各地文物普查机构密切协作，共同来做好普查工作。

具体来说，局办公室要做好普查文件在局内的运转工作，适当简化工作程序，明确各个环节的责任人，保证公文运转流畅；

管好文物普查中央本级经费，安排好补助地方经费，保障普查工作的及时顺利开展。办公室正在研究制定的“普查办公室公文运转程序和经费使用管理办法”，要抓紧普查办公室和有关司室，在本周内报局务会议审定后实施。政策法规司要积极配合普查办公室落实文物普查宣传工作方案。这个方案已经国务院领导小组批准，具有很高的权威性，同时操作性和针对性都很强，必须予以贯彻落实。政策法规司作为方案的制定者，已经做了大量的前期工作，要和普查办公室做好衔接，共同来落实方案中提出的各项工作。在新闻媒体的联络和新闻发布会的组织上，政策法规司更要发挥自身的优势。在全局的文物宣传工作，尤其是“文化遗产日”等重大节庆宣传活动中，都要有意识地突出第三次全国文物普查的宣传。

为期五年的第三次全国文物普查是对我们的一次重大考验。普查办公室冲锋在前、当仁不让；各司室和各单位也要各司其职、各负其责，把所承担各项普查工作的责任明确到人。我相信，在大家的共同努力下，我们一定能够打好第三次全国文物普查这场关键战役，把我国文物保护事业的整体水平提升到一个新的高度！

在四川省第三次全国文物普查培训班上的讲话

（2007 年 9 月 12 日）

当前，我国文化遗产保护事业的发展正处于关键时期。国务院适时做出开展第三次全国文物普查的决定，为夯实文化遗产保护工作基础、实现文化遗产保护的可持续发展提供了宝贵的机遇。通过此次全国文物普查，应努力实现三个目标，即将全国文物普查作为促进文物系统能力建设的一次大练兵，作为增强各级政府文化遗产保护意识的一次大培训，作为动员全社会民众参与文化遗产保护的一次大宣传。

四川省第三次全国文物普查培训班

一、文物普查应立足抢救性保护

文物普查是文化遗产保护的前提和基础。特别是在大规模城市建设展开之时，文物普查更具特殊意义。1953 年 8 月 20 日，北京市副市长吴晗先生曾经主持召开有梁思成、郑振铎、林徽因、罗哲文等专家参加的“关于首都古文物建筑保护问题座谈会”，会上吴晗先生指出：“本市几年来建筑任务逐年增加，各方面的工作突飞猛进。因此城内外都在修建。在建设中建筑部门和文物部门发生了矛盾。文物组成立时曾提出调查本市古文物建筑，因工作拖沓，尚未着手。如主动进行调查研究，上述的矛盾是可以解决的。”郑振铎局长也表示“对北京古文物建筑应作一次彻底的调查，应该而必须保存的坚决保存而且积极养护”[①]。国务院于 1956 年发布《关于在农业生产建设中保护文物的通知》，在文件中第一次提出开展全国文物普查。第一次全国文物普查的成果奠定了新中国成立初期文物保护工作的基础。由此可见，文物普查应当紧紧扣住经济社会发展的关键时期，立足于抢救性保护。实践证明，开展文物普查有利于全面掌握我国境内地上、地下、水下的不可移动文物的数量、分布、特征、保存现状、环境状况等基本情况；有利于准确判断文化遗产保护形势，为科学制定文化遗产保护政策和发展规划提供依据。

20 世纪 80 年代，我国开展了第二次全国文物普查，取得了前所未有的丰富成果，普查登记建档的文物项目，比第一次全国文物普查的数量增加了几十倍。但是，由于当时各方面条件所限，漏查甚至未开展文物普查的情况亦相当普遍，其中有 320 个县没

① 罗哲文先生提供资料，《关于首都古文物建筑保护问题座谈会记录摘要》，1953-8-20。

有能够开展普查。此后20多年间，未再开展全国性的文物普查，间隔时间过长。而这一时期，正处于我国城市化快速发展和大规模城乡建设高潮，不少文化遗产由于未能及时进行调查、登录，而遭到拆毁和破坏，甚至灭失。因此，前次全国文物普查成果已经难以准确反映文化遗产资源的实际状况。目前，我国受法律保护的不可移动文物数量偏少，由此造成大量文化遗产因缺乏法律的保护，在所谓“旧城改造”和走样的“新农村建设”中快速地消失，令人痛惜不已。对此，彭卿云先生认为，“新中国成立以来的三次全国文物大普查，都是在三次大破坏之后的普查。从整体上说，这次破坏比前两次破坏持续时间更长，规模更大，破坏范围更广，破坏程度更深，保护和建设之间的矛盾大大超过前两次。”因此“在大破坏后进行文物普查是我们文物保护事业发展必须采取的一个重要措施”[①]。特别是在文化遗存相对丰富的少数民族聚居地区，由于人们生活、生产方式的改变，生活环境和条件的变迁，地域文化特色消失加快，文化遗产流失情况严重。因此，通过深入开展全国文物普查，使更多面临险境的文化遗产能够得到及时发现和保护，刻不容缓。

在我国，文物普查由各级政府负责组织实施，普查结果由地方政府逐级上报汇总形成。这种做法具有充分发挥各级政府保护管理文化遗产积极性的优势，但是也要避免局限性，处理不当则难以达到理想目标。陈志华教授曾指出：“由地方层层上报文物建筑，还会产生另一种不利现象，这就是瞒报。瞒报的原因大致有两种：一种是因为地方政府怕某些古建筑定为文物后，会妨碍

① 李艳，胡兆燕：《文物是“活”的，要让它说话》，载《中国财经报》，2007-06-07(3)。

房地产的‘开发’，影响长官在经济上的‘政绩’，他们把文物建筑叫做‘包袱’；还有一种是因为地方长官担心管理文物建筑责任重大，万一出事，会误了仕途，不如不申报文物为好”[②]。这种“文物普查项目列入越多包袱越重，应该越少越好”“文物保护单位定得越多责任越大，不要作茧自缚”的错误观点，都是以主观意志决定文化遗产资源数量的做法，是极其不负责任的态度。为此，在文物普查中将“虚报、瞒报、拒报”等做法定性为严重的违法行为。

文化遗产作为稀缺的文化资源，是各地经济社会实现全面、协调和可持续发展的宝贵财富和不竭动力。因此，站在积极的或者战略的角度看，经过普查使列入保护的文物数量增加，将有利于城市的长远发展，而只有站在消极的或短期行为的角度看，才会把文化遗产视为“包袱”或负担。因此，今天要将文物普查作为抢救文化遗产的重要行动。在普查中判断取舍予以登记的文物，应当严格按照文物的价值和普查的标准规范进行认定。凡是符合认定标准，具有历史、艺术、科学价值的文化遗存均应予以登记，其数量应是客观存在的事实。同时，要将文物普查和申报文物保护单位区分开来，而不能只登记可以申报文物保护单位的重要文物。要坚持“宜宽不宜紧”的原则，立足于早抢救、立足于多保护，以免遗珠之憾。

我国文物保护单位制度经过半个世纪的实践，成功和有效地保护了大批重要的文化遗产。因此，根据当前保护和抢救文化遗产的需要，在文物普查过程中，应及时对所发现的珍贵文化遗产予以科

② 陈志华：《文物建筑名录编制怪现状》，载《中华遗产》，2005（1），12页。

学评价，并在此基础上，尽快将其公布为相应级别的文物保护单位，依法予以有效保护。只有赋予相应的法律地位，文化遗产的价值才能获得真正意义上的确认，否则即使经过文物普查也仍然难免有再消失的厄运，我们对此已经有过深刻教训。普查是文化遗产得到保护的前提，法律才是文化遗产得到保护的保障。

二、文物普查应立足拓宽保护视野

文物普查是国情国力调查的重要组成部分，是确保国家文化遗产安全的重要措施，是文化遗产事业发展的必然要求。正是由于人们在寻找文明中善于借助发现和认知，不断地向着认识客体的深度和广度，向着认识主体能力的高度，向着认识工具的多样性和精确性进步，人类才能对自身文明的发展进行更深入地再认识，并在此基础上创造出新的更加辉煌的文明成果。因此，文物普查同样是富于创造性的保护行动，是文化遗产发现、认识、保护和发展过程的基石。我们有责任通过建立国家文化遗产普查名录，全面、系统地反映祖国的悠久历史与灿烂文化。随着对文化遗产保护的发展趋势逐渐形成共识，许多文化遗产的价值和类型得以认识或重新认知，其蕴含的重要价值得以揭示，及时将这些文化遗产保护领域的新成员纳入普查范围，予以认定登记，有利于实现文化遗产的全面、有效保护。

长期以来，一些地方过于注重文化遗产的利用价值，而对于其更为重要、更为根本的历史价值、文化价值、科学价值、情感价值等有所忽视，同时对文化遗产生态环境的保护也未给予应有重视，导致大量文化遗产及其环境，在相当长时期内没有纳入保护视野，损失巨大。陈志华教授认为，当前不利于全国文物建筑认定和编目的现象，主要有下列几种。一种是还没有完全克服只凭年代定价值的偏见。另一种是单纯凭建筑艺术和技术水平以及品相或者使用质量定文物。雄伟、精巧、美观或斗拱硕大是主要标准，而不首先着眼于古建筑或古城区蕴含的历史文化信息。第三种是只认庙堂的和士大夫文化的，不认乡土的和市井的；只考虑保护个别的，不认识建立文物建筑大系统的意义①。

文物普查要以调查、登录新发现的不可移动文物为重点，扩大文化遗产保护的范畴。谢辰生先生指出："对于文物保护单位选择的标准，有个怎样认识文物价值的问题，文物是一个包含内容十分广泛的概念。它的价值不仅仅是考古的价值，也不仅仅是古建筑的价值，文物的价值还有更广泛的意义"。"所以对于文物概念的认识，思路上要放宽，不要狭窄"②。董贻安先生认为："作为优秀的文化遗产，在始终处理发现与再发现的辩证运动中，是完全可以获取拓展的客观存量的。因此，必须在发现的基础上进行再发现，并对研究客体做出新的评价，使之上升到一个具有全新价值标准和范畴中。实际上，再发现观念的提出与确立，是社会和人类对文化遗产实际需求、评判的历史必然"③。当前特别要加强对工业遗产、乡土建筑、老字号、近现代遗产、文化景观、文化线路等，以往工作基础相对薄弱的文化遗产类型的普查工作。

要借鉴国际先进的保护理念和普查制度，根据文化遗产保护理论研究的深入和保护观念的进步，拓宽保护思路和保护方法，构

① 陈志华：《文物建筑名录编制怪现状》，载《中华遗产》，2005（1），12页。
② 谢辰生：《关于认识文物价值的一点看法》，载《中国文物报》，2006-8-4（3）。
③ 董贻安：《论文化遗产的发现与再发现》，载《东方博物》，2003（增刊），89页。

建更为科学、符合我国文化遗产保护实际的文物普查和确认制度。要充分利用已有的文物调查项目成果，了解不可移动文物本体及环境的基本情况，尤其是对不可移动文物的量化指标、保存环境现状及其变化情况等均需进行调查、登录，导入已为国际社会证明行之有效的文化遗产保护登录制度，既着眼于新的文化遗产的发现，又着眼于对已知文化遗产的价值的再认识。要充分考虑普查工作中实际可能出现的各种复杂情况，合理设置培训课程和内容，掌握统一的技术标准和工作规范，从而避免出现普查人员受地域局限，难以准确判断某些文化遗存在全国文化遗产大系中的独特地位和价值，遗漏一些应予以登记的普查对象，确保第一手普查资料的准确性、科学性和权威性。

国内外文化遗产普查的经验表明，应当用已经扩展了的观念指导文物普查，同时在文物普查中不断丰富既有的认识，提出新的观念，及时地调整、拓展和完善普查工作，更多地关注那些以往未能引起足够重视或根本未加保护的文化遗产种类，使更广泛的文化遗产得到保护。“当前的客观情况要求必须积极推进并开拓文物保护工作，包括扩大保护工作的内容（从古建筑园林到城市，从人工建筑到自然景观），研究符合实际的可供操作的保护措施（例如适当地再利用等）；争取更多的专业工作者合作；吸收社会各阶层热心人士参与，唤起全社会的认识与关注，乃至争取决策者的秉公支持，力挽当前混乱局面。在所有这些工作中，出于专业职责和对历史与后人负责的考虑，文物学术界有识之士在发掘史实，参考国际成功经验与理论，密切与规划工作者结合，投身实际，提出切实措施等方面，更是当仁不让，义不容辞”[①]。

三、文物普查应立足事业长远发展

当前文化遗产保护的机构建设、队伍建设等基础工作仍然薄弱，观念滞后、体制障碍等问题仍然束缚着事业的发展，而此次全国文物普查是提高文化遗产保护能力建设的难得机遇。文物普查的顺利开展，有利于实现文化遗产保护观念新的进步；有利于带动不可移动文物保护“四有”[②]工作，提高管理的整体水平；有利于培养锻炼专业人员，提高队伍的整体素质；有利于提升全民保护意识，促进全社会保护文化遗产新体制的建立。

全国文物普查涉及范围广、质量要求高、工作任务艰巨，全面动员、精心组织、扎实推进，无疑是当前十分重要的任务。要研究总结几年来开展的全国重点文物保护单位记录档案建档备案工作；全国馆藏一级文物建档备案工作；全国馆藏文物腐蚀损失调查工作；全国重点文物保护单位现状调研工作，以及文物调查及数据库管理系统建设项目的经验，根据不断进步的文化遗产保护技术，研发新的普查方法，制定更为科学的、适应我国文化遗产特点和实际的评估和申报办法，改进和完善登录系统。特别要研究新型文化遗产的保护登录问题，例如乡土建筑和历史文化村镇、传统民居和历史文化街区的保护登录制度，征求和吸收各方面意见，经过试点工作检验，形成科学的标准和规范，并充分利用文物普查的数据成果资料，建立起更为全面的我国不可移动文

① 吴良镛：《论中国建筑文化研究与创造的历史任务》，载《城市规划》，2003（1），16页。

② “四有”是指文物保护单位有保护范围、有标志说明、有科学记录档案、有专人管理。

物的电子地图。

文物普查要广泛利用现代科学技术成果，充分运用信息网络、遥感、地理信息系统和全球卫星定位系统等现代科学技术手段，提高文物普查的时效性和相关标本、数据采集的真实性、完整性。这是本次全国文物普查区别于前两次全国文物普查的重要特点和优势所在，直接关系到普查成果的质量以至于整个普查工作的成败。要通过此次普查，培养锻炼一批掌握现代科学技术手段的业务骨干，使各级文物部门的文化遗产保护理念和运用现代科学技术的能力有一个飞跃式的发展，提升文化遗产保护事业的整体水平，为实现文化遗产保护的科学化、信息化、规范化管理奠定坚实的基础。

第三次文物普查是我国当前最重要的文化遗产保护工程，规模浩大，仅仅凭借文物部门的力量是远远不能胜任的，必须广泛动员社会力量，依靠民众的经验和智慧，把由 3 ~ 5 人组成的一个个普查组，变成成千上万的普查大军，才能把文物线索一条条汇集起来，使普查工作的成果最大化。文物普查是将文化遗产保护理念送进千家万户的文化工程，是文化遗产保护公众参与性的集中体现。要积极动员和引导社会公众参与文物普查，鼓励和吸收热心文化遗产保护的志愿者加入普查工作。通过设立文物普查的网站、媒体信箱和专栏，公开征集文物线索，为社会公众了解和参与文物普查提供快速便捷和互动良好的交流平台。通过此次普查，使越来越多的民众更加热爱文化遗产，带动并逐渐形成全社会共同关心、参与文化遗产保护的良好氛围。

在第三次全国文物普查电视电话会议上的工作报告

（2007年9月17日）

第三次全国文物普查工作启动以来，在国务院的统一领导下，各地区、各部门积极推进文物普查，各项工作进展顺利。现在我受国务院第三次全国文物普查领导小组的委托，向会议作第三次全国文物普查工作报告。

一、开展文物普查的背景和总体部署

我国曾先后组织过两次全国文物普查。经过20多年的发展，原有的普查成果越来越难以反映我国文物保存的实际状况。同时，我们对文化遗产保护认识的提高进一步扩大了文物保护的范畴，大规模城乡建设的展开更使开展文物普查、摸清文物资源成为当务之急。

2005年年底，国务院发布了《关于加强文化遗产保护的通知》，明确要求加强文物资源调查研究。2006年5月，国务委员陈至立在国家文化遗产保护领导小组第一次会议上明确指出要组织开展第三次全国文物普查，随后又批示同意了《文化部关于拟开展第三次全国文物普查工作情况的报告》。2006年年底，国家文物局召开了第三次全国文物普查工作会议，听取了试点省市的经验介绍，在全国文物系统中进一步统一了思想，明确了集中力量开展第三次全国文物普查的总体目标。

2007年4月4日,《国务院关于开展第三次全国文物普查的通知》印发，标志着第三次全国文物普查正式启动。国务院通知明确了第三次全国文物普查从2007年4月开始，到2011年12月结束，分三个阶段进行。普查的范围是我国境内(不包括港澳台地区)地上、地下、水下的不可移动文物。普查的内容以调查、登录新发现的不可移动文物为重点，同时对已登记的近40万处不可移动文物进行复查。

其中，第一阶段是从2007年4月至9月。主要任务是确定技术标准和规范，开展培训、试点工作。包括组建文物普查工作机构和队伍；动员部署开展文物普查；制定颁布文物普查实施方案和相关技术标准、规范；开展全国和地方各级普查试点和人员培训；购置普查设备。

第二阶段是从2007年10月至2009年12月。主要任务是以县域为基本单元，实地开展文物调查。各地组织由专业人员组成的普查队伍，全面展开田野调查；各级文物普查机构组织协调和督促、检查、指导普查工作；及时整理、录入、核查、审定和上报普查数据资料。

第三阶段是从2010年1月至2011年12月。主要任务是进行调查资料的整理、汇总、数据库建设和公布普查成果。各级文物普查机构对获取的普查数据和相关资料进行验收、整合、汇总，按规范要求形成普查工作的各项成果。包括建立全国不可移动文物编码系统、电子地图、信息管理系统；编制第三次全国文物普查档案、工作报告；公布不可移动文物名录。县级以上地方人民政府根据普查结果，将其中重要的不可移动文物确定为相应级别的文物保护单位并向社会公布。

二、已开展的工作

国务院通知印发以来，各地区、各部门认真落实国务院通知精神，全面推进文物普查工作，取得了显著成绩。

（一）建立普查机构

国务院成立了以国务委员陈至立为组长、各有关部门负责同志为成员的第三次全国文物普查领导小组，办公室设在国家文物局。领导小组和办公室先后召开会议，研究部署和落实第三次全国文物普查的工作方案和技术标准制定、人员培训、经费保障、开展宣传等各项工作。

各地也成立了文物普查机构。全国已有29个省（自治区、直辖市）政府成立了由政府负责同志担任组长的文物普查领导小组。各地都选调了业务过硬、年富力强的人员，组建文物普查工作队伍。

（二）制定颁布实施方案及相关标准规范

7月26日，领导小组批准颁布了《第三次全国文物普查实施方案及相关标准规范》。实施方案和标准规范系统地总结了近年来开展的文物基础工作建设以及普查试点、培训工作的经验，广泛征求和吸收了各有关部门和各地文物部门的意见。国家文物局已将文物普查实施方案、标准规范和涉及的法律法规、文件资料汇编成文物普查手册公开出版。各地区也相继出台了当地文物普查工作的实施方案。

（三）联合下发文物普查文件

民政部、财政部、国土资源部、建设部、交通部、水利部、商务部、国家林业局、国家宗教事务局、国家测绘局等领导小组成员单位分别与国家文物局联合，向本系统和地方各级有关部门下发了关于开展文物普查的通知，明确了参与文物普查工作的具体措施和要求。

（四）落实文物普查经费

财政部和国家文物局颁布实施了《第三次全国文物普查专项经费使用管理办法》，按照统一管理、分级负责、合理安排的原则，明确了中央财政和地方财政各自应承担的经费范围，规范了普查专项经费开支的范围。

（五）积极开展普查试点

河南、内蒙古、宁波、广州等地文物部门率先组织了文物普查试点工作，根据本地区文物资源的特点和实际情况，因地制宜地制定普查工作方案，广泛动员各有关方面的力量，取得了可喜成果，并为全国普查工作积累了宝贵的经验。

（六）全面开展普查人员培训

5 月 16 日至 25 日，国家文物局组织对各省级文物部门负责文物普查的专业人员和管理人员 100 多人进行了培训。各地文物普查机构结合试点工作，开展普查人员培训。对培训合格的学员，颁发国家文物局统一印制的普查员资格证书，实行持证上岗。目前已有 24 个省（自治区、直辖市）开展了普查人员的培训工作。

（七）建立文物普查信息管理系统

领导小组办公室已经委托有关单位根据普查标准规范的要求，开发了相关的文物普查软件和管理系统，以实现普查信息数据的录入、核查、保存和分析整理的全流程科学管理。

（八）深入开展普查宣传工作

根据领导小组批准颁布的《第三次全国文物普查宣传工作方案》，各地区和有关部门正在抓紧落实相关工作，建立文物普查网站、专栏，组织新闻媒体大力开展对文物普查的宣传报道，深入宣传文物普查和文化遗产保护的知识、理念，广泛动员社会公众参与普查工作，取得了良好效果。

总的看来，第三次全国文物普查工作进展顺利。但各地区文物普查工作的开展情况还很不平衡。个别地方至今仍未成立文物普查机构，普查培训、试点工作相对滞后，对下一阶段普查工作的开展造成了不利影响。

三、下一阶段的工作重点

目前，文物普查第一阶段已接近尾声。从下个月起，文物普查将转入第二阶段，主要任务是对我国不可移动文物进行全面的实地调查。这一阶段的工作最为繁重，也是决定普查质量和工作成败的关键。各地区、各部门都要按照国务院领导小组颁布的文物普查实施方案的统一部署和要求，高度重视，周密计划，精心实施，从以下几个方面重点推进文物普查工作。

（一）抓紧完成第一阶段扫尾工作

认真总结第一阶段的普查工作，积极推广普查培训、试点等工作中取得的好的经验和做法，及时研究解决工作中发现的问题。普查工作相对滞后的地区尤其要提高认识，下决心采取有力措施，抓紧完成第一阶段的各项工作任务。各地都要在10月前完成文物普查机构和队伍的组建工作，试点、培训工作也要基本告一段落。同时，要按照文物普查实施方案的具体要求，制订文物普查第二阶段的工作计划。把各项准备工作做细、做实，充分考虑实地调查中可能出现的各种问题和困难，并做出周密、细致的安排，为全面开展第二阶段工作奠定坚实的基础。各省级文物普查机构应在10月底之前，向国务院领导小组办公室报送本地区第一阶段文物普查的工作总结和第二阶段的工作计划。

中国文化遗产保护发展趋势和第三次全国文物普查报告会

（二）充分发挥文物普查办公室作用

各级文物部门作为同级文物普查领导小组办公室，要充分发挥办公室的组织协调作用，会同各有关部门建立办公室定期会议和联络员制度，形成畅通、高效的沟通协作机制。地方各有关部门要按照国务院通知和各部委的具体要求，切实履行本部门的相关职能，全力推进文物普查，将各项普查工作落到实处，取得实效。国家文物局将分别与各部门逐项落实联合下发的通知中对各行业系统参与文物普查工作的具体要求和措施，并视实际情况对各地落实工作进行联合检查。

（三）坚持质量优先，严格遵循标准规范

各地要根据文物普查实施方案的要求和当地的实际情况，始终坚持将质量放在优先位置，合理安排实地调查工作的进度，按计划

稳步推进。注意克服工作中的畏难和急躁情绪，防止出现抢进度而不顾质量的现象。普查队员要继承和发扬吃苦耐劳、艰苦奋斗的优良传统，坚持科学严谨的工作态度、深入细致的工作作风，严格遵循普查技术标准规范的要求，深入到每一个文物点，逐一地进行登记。各级文物普查机构要为普查队员的实地调查提供强有力的支持和保障。充分发挥专家的重要作用，组织专家对普查的阶段性成果进行检查、指导，及时发现和纠正普查中存在的各种问题，审核校正普查获取的文物数据信息，整理上报普查工作进展情况。

（四）综合运用多种调查方法

多年来，我国在文物保护实践中逐渐探索、检验和提炼形成了一整套行之有效的田野调查方法。这些方法已为广大文物工作者所熟悉和掌握，在此次文物普查中仍将作为基本方法广泛使用。同时，普查中还要大量应用和发展创新文物调查和保护、管理、展示的多种先进技术手段，增强各级文物部门和不可移动文物的使用管理单位掌握文物保护先进技术的意识和能力。通过传统调查方法与新技术应用相结合，调查发现新文物点与复查已掌握文物点相结合，全面普查和对某一区域、类型的文物专项调查相结合，集中普查与建立文物调查的长效机制相结合，使此次文物普查的成果实现最大化，并为进一步建立完善我国不可移动文物的调查、登录制度奠定重要基础。

（五）开展课题研究，实现成果共享

以第三次全国文物普查为重要契机，结合普查工作的开展和普查成果的分析应用，推进我国文物保护、科学管理和合理利用工作的相关科学研究，提出加强和改进有关工作的建议，形成制度性、政策性成果。国家文物局已初步确定了“文物保护对国民经济和社会发展贡献率研究”等一批与文物普查关系密切的研究课题。各地也要结合本地区文物普查工作，对相关的课题研究予以重点支持和倾斜。课题研究和文物普查的各项成果除涉密内容外，应当逐步向社会公布，实现公众共享。尤其是要依托信息网络技术，进一步建立和发展开放性的我国不可移动文物信息数据库，以利于加强文物的保护管理、科学研究、宣传展示工作，充分实现文物的综合效益。

（六）认真落实文物普查宣传工作方案

各地区、各部门要按照文物普查宣传工作方案的要求，将阶段性的集中宣传和长期宣传活动相结合，充分利用广播、电视、报刊、互联网等各类媒体，广泛深入地宣传文物普查工作。宣传的重点是文物普查工作的重大意义，各项工作进展情况和重要发现以及文物在新时期构建和谐社会、促进经济社会发展中发挥的积极作用。国家文物局正在积极协调有关部门和各大网站、新闻媒体，将于近期拍摄播放文物普查公益广告、宣传片，组织专栏、访谈，结合文物保护热点问题对文化遗产新品类进行专题宣传报道，举办公众性参与的文化遗产拼图等一系列宣传活动。各地也要利用此次电视电话会议等文物普查重要活动和国际博物馆日、国际古迹遗址日、文化遗产日等节庆日的有利时机，举办大型的宣传活动，重点宣传文物普查的知识和理念。同时，建立文物普查的奖励机制，对提供重大文物线索的个人和单位给予物质奖励和精神鼓励。

总的看来，第三次全国文物普查工作正在按照国务院通知的要求，平稳有序地全面推进，取得了明显进展，为下一阶段的实地调查工作奠定了良好的基础。我们相信，在国务院的正确领导下，在各地区、各部门和社会公众的积极支持和参与下，第三次全国文物普查工作一定能取得圆满成功！

在国务院第三次全国文物普查领导小组第二次（扩大）会议上的汇报

（2008年9月22日）

现在我汇报第三次全国文物普查工作进展的有关情况。由于在座的大多数同志一直参与领导小组工作，参加过第三次全国文物普查电视电话会议，对文物普查前期工作情况已经有所了解。我将重点汇报近期工作进展和工作安排。

第三次全国文物普查领导小组第二次（扩大）会议

一、文物普查进展情况

2007年9月17日第三次全国文物普查电视电话会议召开后，

各地区、各部门认真落实国务院通知精神，全面推进普查工作，取得了卓有成效的成绩，主要表现在以下几个方面。

（一）第一阶段各项任务基本完成

在各级政府的有力组织下，各地基本实现了机构、人员、资金、设备、培训五到位。全国 31 个省（自治区、直辖市）均成立了普查领导小组，90% 以上的市、县成立了普查领导小组及办公室，部分地区建立了省、市、县、乡四级普查机构。全国一线普查队员达到 23552 人，一大批业务过硬、年富力强的专业人员充实到普查第一线。2007 年度全国文物普查到位经费总数超过 1.92 亿元，2008 年普查经费列入各级财政预算总数达到 4.25 亿元。按照国家文物局下发的设备配置标准，各地普遍配发了普查设备。广泛开展了省、市、县三级文物普查培训工作，施行持证上岗。目前已培训各类人员 6.96 万人次。河南省和福建省部分地市通过层层签订《第三次全国文物普查目标责任书》，确保第三次全国文物普查责任落实。

（二）第二阶段工作顺利启动

今年以来，各地普查工作渐次转入实地调查阶段。目前，全国大部分省份的实地文物调查工作已经启动，并取得一些初步成果。截至 7 月 31 日，全国 1994 个县级行政区域启动了实地文物调查，共普查登记不可移动文物点 123480 处，其中新发现 75258 处，复查 48222 处。浙江、河南、河北、江苏等省市实地文物调查工作走在了全国前列；北京、天津、上海、浙江等省市县级行政区域实地调查启动率达到了 100%；河北、陕西部分市县已率先完成田野工作。一些省（自治区、直辖市）工业遗产、乡土建筑、20 世纪遗产等新类型文化遗产调查取得进展。湖北等省份切实加强普查新发现文物保护工作，及时将新发现的重要文物点公布为各级文物保护单位。

（三）领导小组成员单位积极参与

各成员单位认真落实与国家文物局联合下发的关于开展文物普查的通知或管理办法。通过推荐专家库专家、落实普查经费、召开座谈会、举办培训班、提供电子地图等多种形式参与普查工作，收到很好的效果。民政部等10部委联合下发了《关于加强革命文物工作的若干意见》，进一步强调要做好烈士纪念设施的文物普查工作；财政部与国家文物局联合制定了《第三次全国文物普查专项经费使用管理办法》，安排普查专项经费20563万元；商务部组织召开了商务领域文物普查工作会；国家宗教局举办了“全国佛教寺庙文物保护培训班”，推进各地宗教活动场所开展文物普查；国家测绘局发动各级测绘部门为文物普查提供测绘保障；全军环保绿化委员会组织开展了首次军事管理区不可移动文物普查，登记了一批部队营区定级文物。国务院第三次全国普查领导小组办公室于5月27日召开了第二次会议，组织督察组于7月上旬对黑龙江、吉林、辽宁、贵州、云南5省文物普查进展情况进行了联合督察，民政部、水利部、商务部、文化部、国家林业局、总后基建营房部等成员单位派员参加了督察工作。为扩大文物普查的影响范围，取得更加丰富的工作成果，国务院第三次全国文物普查领导小组还吸纳中共中央党史研究室为成员单位，发挥其专业优势，拓展了普查的广度和深度。

（四）宣传普及工作卓有成效

各级普查机构按照宣传工作方案，联合广大新闻媒体，通过举办展览、开通热线、招募志愿者、散发宣传品等方式，大力宣传文物普查知识、阶段性成果和广大文物普查工作者的精神风貌，得到了社会各界的广泛支持和积极参与。国家文物局组织中央新闻媒体走进普查现场进行采访，新华社、人民日报、中央电视台等媒体进行了集中深度报道。今年“文化遗产日”期间，国家文物局举办了“第三次全国文物普查摄影图片展”。各地区考古研究所、博物馆、有关高等院校发挥专业优势，积极参与支持文物普查；一些社会团体和个人与各级普查机构达成合作协议，提供宣传、经费、技术等方面的支持。

二、文物普查工作遇到的困难与问题

总的看来，第三次全国文物普查第一阶段工作已经完成，实地文物调查取得了实效，普查工作进展较为顺利。但是，目前来看文物普查也遇到了一些问题和困难，主要体现在以下方面。

（一）有些地方政府重视程度不够

尽管各地普遍建立了文物普查领导小组和工作机构，但是摆样子、走过场的现象比较突出，部分地区对文物普查工作重视不够、认识不到位，文物普查领导小组未能切实承担起本地区普查工作的管理责任。因缺乏强有力的组织领导，个别地区第一阶段工作落实情况不理想，实地调查工作未能及时开展。

（二）地区间工作进展不平衡

总体来看，东部地区普查前期工作与实地调查进度均相对较好，而中西部特别是西部地区实地调查进展缓慢，与东部地区有不小的差距。这里既有自然地理条件的差异，也有思想认识和经费、人员等方面的原因。

（三）实地调查启动率偏低

截至 7 月 31 日，全国 2862 个县级行政区域中，只有 1994 个县（区）启动了实地调查，启动率仅为 69.7%。全国仅有 16 个省份启动率达到 80% 以上，有 6 省份的启动率尚不足 50%，个别省份启动率甚至低于20%。根据普查实施方案要求，实地调查阶段将于明年年底结束，如此时间已经非常紧迫。

（四）经费落实情况尚有缺口

2008年度文物普查经费落实数额总体偏低，不能完全满足普查工作的需要。截至7月31日，各级财政共落实经费42534.4万元，县级财政经费到位率仅有61.9%，甚至个别省份省级财政尚未落实普查经费。西部地区普查经费缺口普遍较大。一线普查队员野外补助落实情况不理想，影响了队员积极性。

（五）其他问题及困难

对工业遗产、乡土建筑、20世纪遗产等新增文化遗产品类的评估认定能力普遍不足；一线普查队员人数偏少；标准规范与软件的适用性需要进一步完善；社会关注与参与热情尚未充分调动。同时，普查中新发现的文物点保存情况普遍不理想，保护工作亟待加强。

此外，今年以来，南方部分省份雨雪冰冻灾害、四川汶川地震和最近的南方洪涝灾害等自然灾害，对普查工作造成一定影响，加大了工作难度。

三、文物普查下一阶段的工作安排

（一）继续争取各级政府和领导支持

第三次全国文物普查是国务院组织开展的一项重大国情国力调查，必须紧密依靠各级政府和主要领导的关心与支持。本次会议后，建议各地根据政府换届情况，及时调整文物普查领导小组及其办公室人员，适时召开文物普查领导小组会议，通报普查进展情况，研究部署下一阶段工作。

（二）确保实地调查启动率

督促各级普查机构全面启动实地调查，严格按照普查实施方案与标准规范要求，以县域为基本单元，及时安排普查队（组）进场展开实地文物调查和数据登录工作。除四川等部分受自然灾害影响特别严重地区外，各省（自治区、直辖市）到第四季度要确保县域实地调查启动率达到 80%。在实地调查工作中应进一步加强协调配合，充分重视烈士纪念建筑物保护单位、地质公园和地质遗迹保护区、交通水利设施、风景名胜区、老字号、林区、宗教活动场所以及军事管理区的文物普查工作。

（三）严格进行质量控制

在保证普查进度的同时，督促各地区严格做好质量控制工作，落实普查质量控制省级责任制，充分发挥专家作用，把好质量关。有条件的省份，要在保证普查启动率的基础上，进一步注重实地调查的实际覆盖率、到达率与完成率。国家文物局将制定和颁布《第三次全国文物普查质量控制管理办法》，并根据各地反馈意见，对普查标准规范体系进行必要修订与完善，细化文物登记著录说明，提高可操作性。

（四）协调落实普查经费

各地文物部门要进一步与财政部门加强沟通，保证本年度普查经费及时到位。个别省级财政未能落实经费的省份要抓紧做好协调。在经费使用过程中确保专款专用，并着力解决好一线普查队员田野补助、保险等关系到队员切身利益的问题，保护普查队员积极性。同时，希望财政部门考虑西部地区的自然地理情况与经济发展状况，进一步加大经费支持力度。

（五）加大监督检查力度

国务院第三次全国文物普查领导小组办公室将继续以派出联合督察组等方式，实地督导各地普查工作。本次会议召开后，国家文物局将组织召开各省普查办公室主任工作会议或现场会，通报各地进展，交流工作经验，研究解决问题。继续将文物普查作为国家文物局文物行政执法督察重点内容。利用政府网站、报纸等媒体及时公布各地普查进度。各地区要切实组织好本地区的监督检查工作，严格执行信息报送制度，及时通报进展情况。

（六）提高信息技术应用水平

根据软件实际应用与标准规范修订情况，对文物普查数据采集专用软件、报送接收专用软件进行升级定型。为解决人迹罕至地区普查覆盖率与到达率问题，组织有关科研单位编制航空遥感技术应用于文物普查的工作方案，并开展试点。

（七）及时保护普查新发现文物

国家文物局近期将专门印发通知，明确要求各地随着第三次全国文物普查进展，及时分批认定、公布新发现的不可移动文物名单，将其中具有重要价值的不可移动文物公布为各级文物保护单位，严格按照《文物保护法》的要求纳入文物保护体系，切实保护好普查新发现的文物。

（八）加强普查宣传，扩大社会参与

各级普查机构应按照普查宣传方案要求，综合运用报纸、广播、电视、网络等传播手段和各种宣传方式，全方位加大普查宣传力度。要积极引导社会各方面力量参与文物普查，做好高等院校、科研院所参与文物普查的协调工作，建立文物普查志愿者队伍，不断提高文物普查社会参与程度。

在全国第三次文物普查办公室主任工作会议上的报告

（2008年10月19日·浙江余姚）

在第三次全国文物普查实地调查全面展开的关键时刻，我们在浙江余姚召开全国第三次文物普查办公室主任工作会议，主要是学习贯彻国务院文物普查领导小组第二次（扩大）会议精神，总结前一阶段工作，安排部署下一阶段任务。

一、第三次全国文物普查总体进展情况与存在的问题

第三次全国文物普查启动以来，各地区、各部门按照国务院的统一部署和要求，全面推进普查工作，取得了卓有成效的成绩。

第一阶段各项任务基本完成。在各级政府的有力组织下，各地基本实现了机构、人员、资金、设备、培训五到位。全国31个省（自治区、直辖市）均成立了普查领导小组，90%以上的市、县成立了普查领导小组及办公室，部分地区建立了省、市、县、乡四级普查机构。全国一线普查队员达到23552人，一大批业务过硬、年富力强的专业人员充实到普查第一线。2007年度全国文物普查到位经费总数超过1.92亿元，2008年截至7月31日，全国文物普查经费到位总数已达到4.25亿元。按照国家文物局发布的设备配置标准，各地普遍配发了普查设备，GPS卫星定位仪、激光测距仪等成为文物普查基本装备。全国广泛开展了省、市、县三级文物普查培训工作，

实行持证上岗。目前已培训各类人员6.96万人次，较大幅度地提升了第一线普查人员的业务水平和操作技能。

第二阶段工作顺利启动。今年以来，各地普查工作渐次转入实地调查阶段。目前，全国所有省份的实地文物调查工作都已经启动，并取得一些初步成果。有关部门积极支持和社会广泛参与。国务院第三次全国普查领导小组办公室于5月27日召开了第二次会议，组织督察组于7月上旬对黑龙江、吉林、辽宁、贵州、云南5省文物普查进展情况进行了联合督察。各级普查机构按照宣传工作方案，联合广大新闻媒体，通过举办展览、开通热线、招募志愿者、散发宣传品等方式，大力宣传文物普查知识、阶段性成果和广大文物普查工作者的精神风貌，得到了社会各界的广泛支持和积极参与。

总的看来，第三次全国文物普查第一阶段工作已经完成，实地文物调查取得了实效，普查工作进展较为顺利。但是，我们也要清醒地认识到问题与不足。特别是从文物系统自身情况来看，以下问题相对突出，要集中精力加以解决。

一是重视程度不足。第三次全国文物普查是一项国家工程，政府是责任主体，分管领导是本地区文物普查工作第一责任人，各级文物行政管理部门作为领导小组办公室，承办具体组织管理工作。但是从目前情况看，部分省（自治区、直辖市）文物局未能切实承担起领导小组办公室的工作职责，个别省（自治区、直辖市）文物局领导对普查工作认识不足、重视不够，没有切实把普查放在本省文物工作首位，致使本地区普查进展缓慢，成果不明显。所谓政府不重视，首先是因为文物部门自己重视不足。浙江、河北、河南等省份成绩突出，省文物局通过真抓实干得到政府支持，是一条重要经验。今天我再次强调，本次普查实行省级责任制，各省（自治区、直辖市）文物局是实施主体，文物局局长是直接责任人，必须将文物普查作为“一把手”工程，切实放在心上、拿在手上。

二是力量投入有限。表现在三个层面：一是普查办与普查队人数不成比例，目前全国普查办与普查队人员比接近1：1，个别省份普查办人数甚至超过了普查队员人数；二是一线普查队员主要来自基层文物部门，省级文物考古研究所、博物馆的业务骨干投入有限，专业机构在普查中的作用未能得到充分体现；三是尽管全国培训超过6万人次，但是一线队员接受培训的比例仍然偏低。上述问题导致普查一线专业力量不足，普查质量亟待提高。

三是工作性质认识片面。不同于前两次普查，本次普查不仅是对文化遗产的全面发现与认知过程，也是各级政府文化遗产保护观念大促进、全社会文化遗产保护知识大宣传、全行业业务技能大练兵的过程。新发现文物和复查文物是本次普查的任务，成立组织机构、开展宣传动员同样也是本次文物普查的工作内容。这要求我们不能把普查仅仅局限为文物部门的业务工作。目前个别省份领导小组成立率未达到100%，有的虽然成立了领导小组，但是并没有充分发挥作用。同时，部分省份宣传工作不到位，基本上默默无闻，其思想根源在于没有全面认识本次文物普查的工作任务。

四是工作主动性、创新性有待加强。尽管本次文物普查制定了统一的实施方案和标准规范，但是各地情况千差万别，还需要从自身工作实际出发，创新工作方法，解决实际问题。我们注意到，同样是经费配套、地图数据、野外补助等问题，很多省份不等不靠，立足本地实际积极寻找对策，富有成效地进行了解决。但是还有一些省份等、靠、要思想严重，推诿扯皮、上交问题，工作主动性、创新性需要加强。

五是对一线队员关心不够。这集中体现在一线队员的野外补助、保险等问题上。根据普查经费管理办法，野外补助属于地方财政支出范畴，关系到队员切身利益，但是从目前情况看，全国大部分地区的野外补助未能得到较好地落实，严重影响了队员积极性。在这方面，山西、四川、浙江、河北等省文物部门主动协调、争取支持，会同财政部门出台了普查人员补助标准或政策,值得各地学习借鉴。

六是工作重点不突出。本次普查的重点是新发现，特别是工业遗产、乡土建筑、20 世纪遗产、文化景观、文化线路等新增文化遗产类型。从目前实地调查情况看，有些省份新发现比例偏低，主要原因是工作重点停留在传统的古遗址、古墓葬、古建筑等文物类别上。此外，个别省份未充分认识到文物普查与日常工作应有所区别，或在复查上投入精力较多，或自行提高普查深度要求，增加了一线队员的工作量，影响了普查进度。

七是保护理念的认识难以跟上社会形势发展需要。对新增文化遗产类型，尤其是 20 世纪遗产、文化景观、文化线路等评估认定能力普遍不足，对记录社会重大发展变革的文化遗产缺乏足够的重视与敏感度。今年是改革开放 30 周年，明年是新中国成立 60 周年，2011 年是建党 90 周年，需要切实把近现代历史文物普查工作摆到重要位置。此外，标准规范与普查软件也需要进一步修改完善。

二、对文物普查下一阶段工作的几点要求

国务院文物普查领导小组第二次（扩大）会议的召开，是全面推进文物普查工作的一次重要机遇。各级文物部门和文物普查机构要抓住机遇，认真学习领会会议精神，全面、高效地完成实地调查阶段各项任务。下面我就贯彻落实国务院会议精神，做好普查下一

阶段工作讲几点意见。

一是进一步提高认识。从学习实践科学发展观的高度，从推动文化遗产事业发展的高度，充分认识普查工作的重要性和紧迫性，增强责任感和使命感，以对国家、对历史、对人民高度负责的态度，把普查工作扎扎实实深入下去。第三次全国文物普查是文化遗产事业发展的重要契机，不仅是国家文物局的工作重点，也是全国文物系统工作的重中之重。普查工作开展的好坏，是衡量各省文物工作质量的最重要指标。希望各级文物部门对普查工作从思想上高度重视，不能只停留在口头上、表面上，要真抓实干，加强力量，切实推进。

二是加强组织领导。第三次全国文物普查是国务院组织开展的一项重大国情国力调查，必须紧密依靠各级政府和主要领导的关心与支持。在这里提三点要求。一是要以贯彻落实国务院会议精神为契机，提请各级政府及时调整文物普查领导小组及其办公室人员，召开文物普查领导小组会议。最近，广东、陕西、山东、江西、河南等省已经召开了普查领导小组会议，其余省份也要抓紧召开。力争在今年，全国各省、市、县普遍召开一次文物普查领导小组会议。二是确保签订普查目标责任书。省、市、县三级要逐级签订目标责任书，明确文物普查的政府责任，这项工作要在12月底以前全部完成。陕西省、山东省已经由分管副省长同各市分管副市长签订了政府责任书，其经验可供借鉴。三是各省文物局要切实承担起领导小组办公室的工作职责，加强组织协调，避免管理缺位。

三是关注普查一线。要时刻把普查一线、把普查队员放在心上。一是切实加强普查一线业务骨干力量，省、市两级科研机构要保证人员投入，特别是具有中高级职称的业务人员，要到普查一线去。二是各省级文物部门协调解决好野外生活补助、人身保险等涉及普查队员切身利益的问题，已经开展野外调查的地方，要在年底前兑现队员补助，尚未启动的要提早制定标准，落实经费。三是国家文物局普查办要尽快组织完成普查标准规范与应用软件的修订、解释与完善工作，11 月上旬下发全国，逐级组织做好培训。四是进一步提高科技应用水平，降低普查队员工作难度与风险。五是各级普查办负责人要深入一线，与普查队员沟通交流，听取他们的想法和建议，及时发现和解决问题。

四是确保普查进度与质量。文物普查现已进入攻坚阶段，普查进度与质量尤为重要。2009 年年底之前全面完成实地调查是国务院的既定目标，各省不要抱着侥幸或拖延的心理，心存幻想。一是合理安排普查计划，保证普查进度，各省（自治区、直辖市）要确保第四季度县域实地调查启动率达到 80%，并逐步将工作重点调整到实地调查完成率上。二是各级普查办要及时汇总普查进度，国家文物局普查办公室要及时通报各地进展情况。三是各级普查机构要及时组织开展巡回检查和业务督导，充分发挥专家作用，切实加强质量控制，国家文物局普查办公室要尽快出台质量控制标准。

五是进一步争取普查经费。经费投入是普查工作顺利完成的重要保证。各级文物部门要抓紧时间会同当地财政部门做好落实工作。一是确保 10 月底前 2008 年度普查经费落实到位，并做好 2009 年度的经费预算申报工作。二是各省级文物部门要协调省级财政加大对特别困难的市县财政转移支付力度。国家文物局也将积极会商财政部，争取加大对中西部地区的文物普查经费支持力度。三是各地要集中开展一次文物普查经费落实与使用情况的检查，确保经费及时到位、专款专用。

六是深化协调合作。本次文物普查领导小组成员单位多达 15 个，部门间需要加强协调合作。一方面是为了共同做好普查工作，另一方面也是为了让更多的部门认识、了解、支持文化遗产事业。各级文物部门在领导小组办公室日常工作中，要做好组织和协调，通过开展联合督察、共同召开现场会等方式，加强部门间的横向合作，扩大文化遗产事业的影响力。

七是加强宣传动员。宣传动员是文物普查工作的重要组成部分，目前来看这方面的工作还需要大力加强。提几点具体要求：一是各级普查机构要将宣传工作列入预算，保证一定的经费投入；二是要提高文物普查宣传品的“能见度”，至少要做到每一处对外开放的文物点、每一个文物机构都能见到文物普查条幅、海报、标语等宣传品；三是充分发挥新闻媒体和网络传播的重要作用，以实地调查为当前宣传重点，组织新闻媒体掀起一轮宣传高潮，中国文物报社要继续把第三次文物普查作为宣传报道重点；四是要组织好普查志愿者队伍，积极借助各方面力量，扩大社会参与程度。

八是解决好新发现文物保护问题。如何保护好普查新发现文物，是当前文物工作遇到的新问题。各地要切实解决好新发现文物及时保护问题。各级文物部门要主动提请县级以上地方各级政府及时认定、公布不可移动文物清单，并将其中重要的不可移动文物确定为相应级别的文物保护单位，并以多种方式公布普查成果。要建立新发现重要文物的报告制度,重要发现要第一时间报告上级文物部门，及时纳入保护管理体系。要勇于实践，创新方法，在实际工作中探索新形势下未定级文物的保护与管理模式。国家文物局将于近期内下发通知，督促、指导各地加强普查新发现文物保护工作。

试论新时期文化遗产事业的发展趋势①

（2009年2月28日）

2005年12月《国务院关于加强文化遗产保护的通知》的发布，加快了我国从“文物保护”走向“文化遗产保护”的发展进程，呈现出新的发展趋势。文化遗产事业的内涵逐渐深化，注重其在全球化背景下，保持文化多样性和民族独立性方面的重要作用，注重其世代传承性和公众参与性；文化遗产事业的领域不断扩大，并由此引发了其要素、类型、空间、时间、性质、形态等各方面的深刻变革。在这一新形势下，深刻理解文化遗产保护理念，准确把握其发展趋势，通过开展文物普查，将更多的文化遗产及时纳入保护范畴，是关系到我国文化遗产事业发展全局的重大课题。

一、文化遗产事业内涵的深化

今天，文化遗产与当今社会的关联程度更加密切，被视为社会可持续发展的宝贵战略资源，也是保持民族特色、推动中华民族伟大复兴的战略选择。人们认识到，保持文化多样性，保护文化遗产的独立性、完整性、连续性，首先是保护自己，同时也是对世界文化的贡献。因此，在文化遗产保护的内涵方面，更加突出世代传承性和公众参与性，与文化遗产有关的知识和信息的传播更加引人注

① 此文发表于《南方文物》2009年第1期，第7页，2009年2月出版。

目，对文化遗产保护的社会参与也更加广泛。

（一）文化遗产事业的世代传承性

人类文明在世代的文化创造和积累中不断发展和进步，在各个历史时期，人类社会都曾有过新的发明和创造，这些发明和创造不仅帮助人们适应不断变化的环境，而且将人类社会带入更高层次的文明，使人们过上更加健康、舒适的生活。新的发明和创造出现以后，原有的文明，过去的各种发明和创造的成果，有些作为可以继续利用的因素被传承下来，也有的则被遗存在地下或者遗留在地上，成为考古学、历史学研究的对象。人类文明就是在这种新旧交替、不断变换的过程中传承和发展。当人们适应了新的生活与工作方式，那些幸存下来的物质的与非物质的内容，便成为人类的文化遗产。

文化遗产是人类历史发展的见证，它可以再现昨天、前朝甚至远古的历史风貌，是特定历史时期的活化石，代表着一些独特的创造成就和独特的人文价值。当一种社会结构消失以后，文化遗产就显得格外重要。例如每当论及世界文明，除中华文明之外，人们还必然会回忆历史悠久的古代埃及、印度和两河流域文明，以及奠定现代西方社会发展基础的古代希腊和罗马文明，今天这些古代文明都早已消失，但是人们仍然可以通过文化遗产对其灿烂文化进行认识，甚至再认识。很多古代的民族消失后，他们的社会结构和生活方式已经难以再现，但是这些民族的文化却能够通过文化遗产留给人们一些历史和现实的记忆。对于人类自身的文化发展和创造来说，没有记忆就没有创造，人类的一切创造都是建立在对过去文化智慧的继承和总结之上。

文化遗产往往和一些人类文化现象或重大的历史事件有着密切的关系。这些文化现象或历史事件若已消失或者被人们所遗忘，通过文化遗产可以让人们回忆起它们以及与之相关的事物。例如成都曾先后成为古蜀国的都邑、三国蜀汉国都、五代十国前蜀、后蜀都城，历史文化遗存十分丰富，历史城区曾经完整保存了“三城相重”的古城格局。但是，在大规模城市建设和“旧城改造”中成都的历史文化街区、传统建筑等地面文化遗存遭到严重的破坏，大部分已经消失。近年来，成都文物工作注重城市基本建设中的文化遗产保护，针对1400多个建设工地进行了文物勘探，发掘各类文化遗址160余处，古墓葬600多座，出土文物和文物标本10万余件，其中对金沙遗址、成都平原史前城址群、古蜀船棺遗址等的发掘，具有重要的、无可替代的文化和科学价值。填补了成都城市史研究的多项空白，在一定程度上再现和展示了成都作为一座拥有2600年建城史的古老城市文明。

自从人类创造文明以来，曾经在地球上留下过蔚为壮观、堪称丰厚、难以计数的文化遗存，但是由于来自战争力、自然力、人力等诸因素的干扰与破坏，文化遗产面临着不断消失的威胁，加上文化遗产自身不可再生的特质，其资源的日益稀缺成为必然规律。世界上的任何事物其最终消失是绝对的，而其存在则是相对的。也正因为如此，人类曾经创造过的文明能继续以物质的和非物质的形态存在于世的数量，实在难以令人乐观，更应该格外加以珍惜。对今天的政府和公众来讲，其重要责任之一就是如何想方设法，最大限度地防止文化遗产被破坏与消失。

综上所述，文化遗产保护的世代传承性特别强调，文化遗产的创造、发展和传承是一个历史过程。每一代人都既有分享文化遗产的权利，又要承担保护文化遗产并传于后世的历史责任。每一代人都应当为社会的发展与进步做出应有的贡献。这种贡献既有自身的文化创造，也包括将文化遗产传于子孙，泽被后世。未来世代同样有权利欣赏、利用和传承这些文化遗产，与历史和祖先进行情感和理智的交流，吸取智慧和力量。因此，作为当代人，我们并不能因为现时的优势而有权独享，甚至随意处置祖先留下的文化遗产。我们不仅要为提高自己的生存质量而不遗余力地保护文化遗产，在传承和守望的同时适当地加以利用，而且要为子孙后代妥善保管这些珍贵的文化财富，传之久远，“子子孙孙永葆用”。

（二）文化遗产事业的公众参与性

文化遗产是一个国家、民族、区域、城市、社会共同生活人群的“集体记忆”。其中物质文化遗产是现存的或已废弃的文化现场及其遗存，不仅具有深刻的文化内涵，而且由于一些不可移动文物处于原址，具有更强的有机性和相关性，是人们了解传统文化的理想载体；非物质文化遗产与人们的记忆以及文化传统相联系，使文化及民族精神代代相传，无论是生活方式、居住形式，还是饮食文化、节庆习俗等都具有很强的文化传承作用。如果说物质文化遗产与一些历史、社会事件紧密相连的话，非物质文化遗产则和民众的生活记忆密切相关，它们共同组成文化遗产的整体，并在民众的物质和精神生活中深深地扎根。

我国的文化遗产蕴含着中华民族特有的精神价值、思维方式、想象力，体现着中华民族的生命力和创造力，是各民族智慧的结晶，是全社会共同的文化财富，也是全人类文明的瑰宝。从根本意义上说，我国各族民众既是这些珍贵文化遗产的创造者，也是文化遗产的传承者。民众是文化遗产的第一主人。广大民众的积极参与是文化遗产保护事业赖以存在和发展的决定性力量。因此，文化遗产保护既要坚持以政府为主导，明确各级政府和有关部门的重要职责；又要广泛动员全体民众，使其真正成为全社会关心、支持和参与的公共事业。

随着我国社会经济事业的迅速发展，民众自觉参与文化遗产保护等社会公共事务的意识逐渐增强，参与的范围和深度日益扩大。文化遗产植根于特定的人文和自然环境，与当地居民有着天然的历史、文化和情感联系，这种联系已经成为文化遗产不可分割的组成部分。但是，由于时光流逝和文化遗产原有人文、自然环境的变化，民众与文化遗产之间的相互关联日渐疏远，文化情感日趋淡漠。许多现代人越来越难以或者疏于理解文化遗产的价值所在。而文化遗产保护工作者专注于通过保护工程和技术手段遏制文化遗产本体以及周边环境的恶化，却往往漠视了民众分享和参与文化遗产保护的权利，忽略了重建民众与文化遗产之间的情感联系。

我们必须尊重和维护民众与文化遗产之间的关联和情感，保障民众的知情权、参与权和受益权。任何忽视和割断文化遗产与民众的历史渊源和联系的行为，都必将损害文化遗产的自身价值，甚至危及其存在的基础。无论是在历史文化街区和历史文化村镇的保护事业中，在考古发掘和文物保护修缮等工程中，在博物馆建设和陈列展示等工作中，都应该积极取得广大民众，特别是当地居民的理解和参与。一年一度的“文化遗产日”，不仅仅是文化遗产保护工作者的节日，而且是全民的共同节日，它的设立有利于使文化遗产保护事业成为亿万民众的共同事业，为保护文化遗产提供更广泛、更强大的公众支持和更丰富的物质保障，使文化遗产真正为社会公众所共享，更有力地推动文化遗产所在地经济社会的和谐发展。

历史文化名镇昆山

综上所述，文化遗产保护的公众参与性特别强调，文化遗产保护并不仅仅是各级政府和保护工作者的专利，文化遗产保护领域的相关工作也不应仅仅局限于管理部门和专业人员的范围，而是广大民众的共同事业，每个人都有保护文化遗产的权利和义务。文化遗产在本质上和全体民众的文化权益有关，在科学民主的时代，尤其是进入知识经济时代，文化遗产的保护理念和目标需要向社会和公众说明，对文化遗产及其蕴含的信息、价值的发掘、研究、保护和传播更需要社会各界和广大公众的广泛参与。文化遗产中蕴含着丰富的哲学、历史、文学、宗教、艺术、天文、地理、经济、民俗等学科内容，对其加以诠释，并非几个人或一些人可以胜任，需要吸纳众多学科的专家学者、社会贤达和当地民众参与讨论，献计献策，才能收到更好的效果。

二、文化遗产事业外延的拓展

文化遗产保护内涵的深化促使人们从更广阔的视野、更深入的角度去分析和梳理文化遗产之间的内在联系，探索和建立新的文化遗产类型和相应的保护方式、手段、体系。近几年，文化遗产保护领域对传统保护对象的概念认识呈现出新的发展变化。在保护的外延方面，文化遗产保护的领域不断扩大，比较突出地表现出6个趋势。

（一）在保护要素方面的扩展

在文化遗产的保护要素方面，从重视单一文化要素的保护，向同时重视由文化要素与自然要素相互作用而形成的综合要素保护的方向发展。例如兼具文化和自然复合特征的“双重遗产”（Mixed Heritage）、由文化要素与自然要素相互作用而形成的“文化景观”（Cultural Landscape），均成为国际社会加大保护的对象。

1972年《世界遗产公约》倡导对世界文化遗产和世界自然遗产进行国家保护和国际保护。此时，按照这一公约，世界遗产仅分为世界文化遗产和世界自然遗产两大类。1987年联合国教科文组织自然遗产协会考察我国申报项目—泰山时，发现泰山不同于一般世界遗产项目的独特价值，即它不仅符合世界自然遗产的标准，也同时符合世界文化遗产的标准。国际自然保护协会副主席卢卡斯（Lucas）先生认为：“世界遗产具有不同的特色要么是自然的，要么就是文化的，很少有双重价值的遗产在同一个保护区内，而泰山便是具有双重价值的遗产。这意味着中国贡献了一件独一无二的特殊遗产，它将使国际自然保护协会的委员们大开眼界，要重新评价自然与文化教育的关系，从而开拓了一个过去从未做过，也从未想过的新领域。”[①]可以说，泰山的申报丰富了世界遗产的内容，从此也改写了世界遗产的分类，即在以往世界文化遗产和世界自然遗产这两大类别之外，增加了“世界文化与自然双重遗产”这一新的品类。

① 刘红婴，王建民：《世界遗产概论》，106页，北京，中国旅游出版社，2003。

文化遗产的产生和发展与其所在的自然环境密不可分。我国自古即有“天人合一”的思想，崇尚人与自然的和谐共处。在古代建筑和城镇村落的规划设计中风水堪舆之学极为盛行，许多名山大川更是人文胜景荟萃之处，形成了我国文化遗产与自然遗产相互交融的重要特性。因此，继泰山作为世界文化与自然双重遗产列入《世界遗产名录》之后不久，我国的黄山（1990年）、峨眉山和乐山大佛（1996年）、武夷山（1999年）等三项遗产又相继作为双重遗产列入《世界遗产名录》，使我国成为拥有世界文化与自然双重遗产最多的国家。

文化景观遗产保护是20世纪90年代提出的一个新的问题。这一问题的提出反映了人类对文化遗产认识的发展和深化。文化景观遗产是人类与自然共同作用形成的文化遗产，包括各种人类与自然环境的互动。因此，文化景观遗产的保护相对于其他传统类型的文化遗产，如古遗址、古墓葬、古建筑和历史文化街区而言，更具有综合性。“不同于针对纪念物、建筑群、遗址而采用的传统的类似于博物馆保存、展示的方式，文化景观的保护更强调保护对象生命功能的延续性，即保护、保持文化景观的生命力和原有功能。由于对文化景观的保护涉及对自然环境和人工创造物的共同保护，这对保护工作提出了更高的要求”①。

文化景观遗产的选择应基于他们自身的突出普遍价值，基于明确划定的地理与文化区域的代表性，以及此类区域所具有的表达文化要素的能力。保护文化景观遗产有助于保护文化多样性和生物多样性，提高文化遗产和自然遗产的综合价值。对于文化景观遗产的保护超出了我们原有成熟的保护方式和技术手段，是一项新的挑战。

① 吕舟：《第六批国保单位公布后的思考》，载《中国文物报》，2006-08-18（5）。

文化景观遗产跳出了一个或一组人工创造物的独特价值，而从较大的范围、较充分的规模去发现和认识大自然的造化，以及在某种特定自然环境中人的创造和生存状态，从而记录和保留下人类进步历程中具有不同特色的片断及其与大自然的结合与奋战。“例如，对红旗渠和坎儿井的保护，不仅仅需要保持其原有的形态、保持它们与特定的自然环境之间的关系、保持它们的功能、保持它们的传统工艺，而且需要保持特定的自然和生态环境，包括它们的水源，这种自然和生态环境是它们存在的依据”[①]。

大型古代遗址群中往往深藏着我国历史上最辉煌、最灿烂、最壮阔的历史记忆，也保存有最能够代表和反映中华文明成就的历史遗存。保护好、研究好、展示好这些遗址、遗迹和遗物，对于今日文化城市建设和丰富民众精神文化需求具有十分重要的意义。同时，对于一个拥有这一文化资源优势的历史性城市来说，具备一定规模的大型古代遗址如能得到有效保护与展示，有利于使城市摆脱“千城一面”的城市规划形态，丰富城市文化内涵，真正成为“形神兼备”、古今辉映的文化名城。同时大型古代遗址保护和整治的成果，将惠及城市环境建设，惠及民众生活，证明文化遗产不代表落后，不代表贫穷，不代表脏乱。大型古代遗址能够成为城市最美丽的文化景观，成为改善人们生活环境贡献最大的地方，成为推动社会进步、经济发展、生活提高的动力和资源。

（二）在保护类型方面的扩展

在文化遗产的保护类型方面，从重视现已失去原初和历史过程中使用功能的古迹、遗址等“静态遗产”（Static Heritage）的保护，向同时重视仍保持着原初或历史过程中的使用功能的历史文化街

① 吕舟：《第六批国保单位公布后的思考》，载《中国文物报》，2006-08-18（5）。

区、历史文化村镇、工业遗产和农业遗产等“动态遗产”（Dynamic Heritage）和“活态遗产”（Living Heritage）保护的方向发展。

文化遗产并不意味着死气沉沉或者静止不变，它们完全可能是动态的、发展变化的、充满活力的和具有生活气息的。许多文化遗产仍然在人们的生产生活中发挥着重要的作用，甚至不断地吸纳更多的新鲜元素，充满着生机与活力。“近年来一些正在被使用的古城（丽江、平遥）和现代城市（如巴西的首都巴西利亚）被列入世界遗产，恰恰表明世界遗产的范围和内涵正在向活的遗产、向生活空间不断扩大和渗透的趋势”[①]。通过调查可以发现，遍布全国的历史文化街区、历史文化村镇中大部分的传统建筑都在被使用，如果将其从生活中割裂出来，并不能达到很好的效果。对它们的保护应该是积极的、动态的和持续的。保护并不是要冻结这些文化遗产的现状，而是要让它们融入现代生活之中，继续发挥作用，这也是继承和延续传统文化、地域文化，实现文化遗产保护可持续发展的必然选择。

“静态遗产”是历史上一定时期的遗存，是历史的化石而不可能再生。我们不可能再回到诞生这些文化遗产的历史环境中再塑造它，这是“静态遗产”的一个特征。但是“动态遗产”和“活态遗产”恰恰相反，它们是活在人们现实生活中的文化遗产类型，必须延续它们的生命历程和生活习俗。生命历程不延续这些文化遗产就将自动衰亡，生活习俗不传承这些文化遗产就将快速消失，只有生命和生活存在，“动态遗产”和“活态遗产”才能持续存在。例如第六批全国重点文物保护单位中“京杭大运河”和“聚馆古贡枣园”的列入，

① 张天新，山村高淑：《从“世界遗产”走向“世间遗产”》，载《理想空间》，2006（15）:13。

格外引人注目。

大运河是世界上开凿时间最早的人工河，也是我国历史上最重要的南北交通大动脉，虽然它历尽沧桑变化，但顽强地生存下来，江南河段目前仍在利用，日夜奔忙，为民众造福。大运河有血、有肉、有灵魂。大运河本体是它巨大的身躯，流淌的运河水是它的血脉，运河两岸的文物古迹、历史文化村镇是它的骨肉，而博大精深、绚丽多彩的运河文化则是它的不灭灵魂。流淌了2000多年的大运河，见证了沿河历史性城市的成长与变迁，奠定了城市格局、拓展了城市空间、促进了对外交流、繁荣了城乡经济、丰富了城市文化。今天，大运河穿越我国南北两个最富活力的经济带和经济圈，至今仍在航运、排洪、灌溉、输水等方面发挥着重要的作用，保持着旺盛的活力。

大运河沿岸的城市和村镇，因傍依水系而充满了变化和生机。凭托大运河这条黄金水道，经济得以流通，商品得以交换，文化得以传播，因此说大运河是“活着的、流动着的文化遗产”。正因为大运河是一幅活的历史画卷、一条流动的文化走廊，因此，大运河的保护与众多列入文物保护单位的古遗址、古墓葬、古建筑的保护有着不同的方式和方法。如何保护和合理利用好大运河的历史故道；如何保护和切实管理好现在使用的大运河本体；如何解决河道淤积、水源短缺、水质污染、湿地修复等问题；如何加强对大运河沿岸的文物、景观、生态实施综合保护；如何使那些充满魅力的古城、古镇、古村与大运河交相辉映，都是需要从整体上重视和研究的问题。

而对于聚馆古贡枣园来说，更是从未列入过文物保护单位的新的类别。其核心保护内容是那些数百年高龄的古贡枣树，以及这些古贡枣树所形成的景观环境。聚馆古贡枣园是为明清两代帝王提供贡枣的枣园，从明代弘治皇帝钦定聚馆冬枣为“贡品”，年年进贡直至清末。至今在大约1000亩的枣园内，生长着具有600多年历史的冬枣树198株，每株树均冠以名称，还有100年以上的古冬枣树1067株。因此，聚馆古贡枣园见证了古代枣农栽培、嫁接冬枣树的全部过程，是古代农业科技发展成果的重要实物例证，具有较高的历史、文化、鉴赏、林业科技和经济价值。因此，对于这些古贡枣树形成的总体景观环境，以及古贡枣树的生长甚至果实的质量、口感等都应当是保护的对象。这种保护已经远远超出了“静态遗产”保护的范畴，体现了保护观念和方法的综合性，也对保护的技术手段提出了新的要求。

（三）在空间尺度方面的扩展

在文化遗产的保护空间尺度方面，从重视文化遗产“点”“面”的保护，向同时重视因历史和自然相关性而构成的“大型文化遗产”和“线性文化遗产”等文化遗产群体的保护方向发展。文化遗产保护的视野扩大到空间范围更加广阔的“遗产地”（Heritage Site）、“文化线路”（Cultural Route）和“系列遗产”（Serial Heritage）等，甚至文化遗产的空间尺度还在向跨地区、跨国家方向发展。

今天，人们对文化遗产事业的企望越来越高，从最初动员国际社会保护那些日渐消失的具有全球突出的普遍价值的文化遗产，到通过文化遗产事业去发掘和增进人类互相的交流与融合，保护共同的文明，实现全人类的和平、合作与发展。应运而生的“文化线路”类文化遗产受到普遍的推崇和鼓励。

文化线路是集文化遗产保护，以及生态与环境、休闲与教育等功能为一体的线型文化遗产元素，包括河流沿线、峡谷沿线、道路沿线以及铁路沿线等。它们代表了早期和此前人类的运动路线，并将人类活动的中心和节点联系起来，体现着文化的发展历程，是不同时期民族发展历史在大地上的烙印。在我国文化遗产宝库中，具有文化线路特征的潜在文化遗产项目十分丰富，从早期山区先民用于交通和商贸的古栈道和河边的纤道，到辐射中华大地的驰道，再到横贯南北的运河系统和近代的铁路系统，众多具有数千年或数百年历史的文化遗迹，被文化线路串联起来。除举世闻名的丝绸之路和大运河外，还有玉石之路、茶马古道、秦直道、剑门蜀道、太行古道、京张铁路等等，它们记录了沿线文化的相互交流、融合和碰撞，汇聚了相关区域的文化之大成，也构成了对我国社会、经济、文化系统全面的见证。

今天，众多线型文化遗产的保护，已经成为城市化加速进程背景下，建立前瞻性的文化遗产保护体系，建设高效生态基础设施的迫切需要。然而，如今“文化线路”这一文化遗产种类的突出价值，尚未得到普遍认可，保护方面的需求也没有得到应有的回应，其弊端已经凸现于一些重要文化线路的保护状况之中。随着区域人口的增长、开放空间的丧失、城市的持续扩张以及交通方式的改变，特别是现代高速交通路网的纵横穿行，这些线型文化遗产被无情地切割、毁弃。即便许多节点被列为国家和地方的文物保护单位，甚至世界文化遗产，但是它们早已成为一些与文化线路原有环境和脉络相脱离的“散落的明珠”，失去了应有的文化内涵。只有通过文化线路才能将这些散落的明珠重新串联起来，将文化与自然要素重新整合，构成区域尺度上价值无限的文化“宝石项链”，成为未来人们开展生态教育、文化休闲以及科学考察的最佳场所。

丝绸之路是一项历经 2000 多年，覆盖大半个地球，体现人类历史活动和东西方文化交流的载体，它揭示了东西方不同民族、不同文明之间交流互动、共存共荣的历史过程。保护这个历史过程遗留下来的珍贵文化遗产，将使我国与相关国家增进了解，扩大交流协作。丝绸之路分为“沙漠丝绸之路”、“草原丝绸之路”和“海上丝绸之路”，沿途涉及西亚、非洲、欧洲、东亚、东南亚等数十个国家和地区，是人类不可多得的巨型文化线路遗产，必须实施国际保护。近年来,丝绸之路文化线路的保护成为社会各界瞩目的焦点。在联合国教科文组织世界遗产中心的支持下，我国和丝绸之路沿线国家密切合作，启动了丝绸之路跨国联合申报世界遗产计划，并达成了我国与中亚国家率先联合申报的行动纲领。丝绸之路文化线路的保护应当被看作一个新的保护体系的有益试验，它的保护将会为我国线型文化遗产保护积累宝贵的经验。

作为系列遗产保护的一个重要项目，涉台文化遗产的研究和保护近年来有所加强。涉台文化遗产是指能够直接反映台湾地区与祖国大陆地理、经济、民族、文化等关系，印证台湾地区自古以来是我国领土不可分割的一部分的文化遗产。它不同于通常按照年代、地域、类型、形制等的文化遗产分类，而是以文化遗产与台湾地域文化之间固有内在联系的认定为标尺，建立的一种新的文化遗产类型。内容包括：与台湾地区史前文化有相同元素或承袭关系、反映台湾地区与祖国大陆地理关系或地理变迁的史前遗址；反映祖国大陆传播到台湾地区或台湾地区传播到祖国大陆的宗教信仰、民间习俗及各种行业史迹等；反映台胞迁徙进程或祖籍史迹，如祖祠、祖坟、故居等；反映台湾地区重大历史事件或重要人物的史迹；与近现代台湾名人、历史事件相关的史迹；台胞在祖国大陆捐建的各种公益设施或是创办的有影响的实业旧址。其中，福建与台湾一水之隔，有着深厚的历史渊源和密切的文化联系，是我国涉台文化遗产资源最为丰富的地区，初步认定全省涉台文化遗产 1076 处，内容涵盖了不同时期、不同地域、不同性质的文化遗存，在保护方式和手段上有着自身的特点。如何加强这一类型文化遗产的保护和研究，是文化遗产保护面临的新课题，对我国文化遗产保护事业的发展将产生重要影响。

（四）在时间尺度方面的扩展

在文化遗产保护的时间尺度方面，从重视“古代文物”“近代史迹”的保护，向同时重视“20世纪遗产”“当代遗产”的保护方向发展。当前，我国经济社会的快速发展使社会生活的各个方面都在发生急剧变化，原有的生产生活方式及其实物遗存消失速度大大加快，如不及时加以发掘和保护，我们很可能将在极短的时间内，彻底忘却刚刚过去的昨天这段历史。

每一个历史时期都有自己独特的文化背景，形成独特的文化风格。仅就近现代而言，清朝末期、民国时代、新中国成立之初、“文革”时期，改革开放以来，以及21世纪初都展现出不同的特征，都不可互相替代。从古到今，文化发展演变形成完整的文化链条，不应在近代和当代发生断裂。虽然20世纪遗产与我们相距时间不长，与古代文化遗产的悠久历史无法相比,但是由于这一时期文化多元、技术多样、形式多变，而具有特殊的时代价值，成为文化记忆的重要组成部分。因此，不应让它们简单地随着城市化的发展和时间的流逝而消失，必须予以认真鉴别，充分关注。只有留住这一部分文化遗产，城市才具有丰富年轮，才会充满记忆。今天，虽然人们对保护20世纪遗产的兴趣日益增强，但是对其价值判别和保护计划仍然过于笼统，缺乏对20世纪遗产的总体评价和识别判断的综合性标准体系。

城市优秀近现代建筑一般是指从19世纪中期至今建设的、能够反映城市发展历史、具有较高文化价值、体现一定时期城市建设水平的建筑物和构筑物，以及重要的名人故居。但是，随着多年来的城市化发展，一些修建于晚清、民国时期的学校、厂矿、名人故居等，由于未被列入文物保护单位而处于保护失控状态，或因年久失修而损毁，或在城市建设中遭到拆除。即使建于20世纪50年代末，被誉为“国庆十大工程”的经典建筑华侨大厦，也因诸多原因早已被拆除，其遗址为新的宾馆建筑所取代，留下了永久的遗憾。尽管21世纪的到来促进了对20世纪成就与教训的重新评价，但是这一段历史遗留下来的文化遗产，依然仅占所有受法律保护内容中很少部分。特别是长期以来，人们往往没有把当代遗产列入受到威胁的文化遗产范畴。

近年来，针对现代建筑的隆隆爆破声，人们开始醒悟。于是，不少城市开始修订法规，颁布新的保护标准。例如上海市于2003年将列入保护建筑的时间标准，由原规定的1949年以前，扩展至建成使用30年以上的建筑，全市共确定了398处优秀近代保护建筑；南京市于2006年立法保护具有历史、文化、科学、艺术价值，存在50年以上的建筑物、构筑物；成都市也于同年做出规定，将近现代建筑保护的时间截止到1976年，30年以上的优秀建筑被纳入了保护范围，100多处承载着成都历史和文化的近现代建筑首次被纳入保护范围。各地的这些措施无疑使大量珍贵的近现代文化遗产得以保护，而2005年3月北京市在审议《北京历史文化名城保护条例》草案时，去掉了“历史建筑”中的“历史”二字，表明在文化遗产保护理念上发生了重要变化，即强调今后对文化遗产的保护，将主要考虑其本身的价值，而不仅仅凭它的年代。

实际上，保护现代建筑在我国已有传统。例如1961年，国务院在公布第一批全国重点文物保护单位时，就将刚刚竣工 3 年的人民英雄纪念碑列入其中，表明对当代遗产的重要性已经有了初步认识。但是总体来看，长期以来对年代久远的古代文化遗产最为重视，近现代文化遗产的保护则主要集中在少数重要史迹和代表性建筑上，对反映近现代社会生产生活的文化遗产则关注较少，对 20 世纪遗产、当代遗产的保护意识就更加薄弱。进入新世纪以来，一批具有代表性的 20 世纪遗产、当代遗产被列为各级文物保护单位，得到了有效保护。例如东交民巷使馆建筑群、清华大学早期建筑、大庆第一口油井、第一个核武器研制基地旧址等，在中国近现代史上具有代表性的文化遗产先后被公布为全国重点文物保护单位。

深圳诞生于改革开放大潮，城市虽然年轻，但是颇具前瞻性的深圳人已经意识到，从现在起就应该关注和善待自己的历史和文化，为城市保存一份值得珍重的记忆。2005 年，在庆祝深圳经济特区建立 25 周年之际，举办了“深圳改革开放十大历史性建筑评选（2005）”活动。在数十万市民的热情参与下，10 座在特区改革开放和城市发展进程中具有重要地位与影响的建筑脱颖而出。这一活动的成功举办，对于探索“改革开放历史性建筑”保护与利用的新思路，增强市民的家园意识，都起到了积极的作用。2008 年在北京将举办奥运会，“北京奥运会将为北京、中国和世界体育留下一份独特的遗产”，这是我国申办 2008 年奥运会举办权时所做出的庄重承诺，对此人们抱以热切期盼。

（五）在保护性质方面的扩展

在文化遗产的保护性质方面，从重视重要史迹及代表性建筑，例如皇家宫殿、帝王陵寝、庙堂建筑、纪念性史迹等的保护，向同时重视反映普通民众生活方式的“民间文化遗产”，例如“传统民居”“乡土建筑”“工业遗产”“老字号遗产”以及“与人类有关的所有领域”的文化遗产保护的方向发展。

《威尼斯宪章》提出要保护“能够见证某种文明、某种有意义的发展或某种历史事件的城市或乡村环境”，其中不仅包括“伟大的艺术品”，也包括“由于时光流逝而获得文化意义的在过去比较不重要的作品”，这种文化遗产保护理念，至今仍然具有非常重要的现实意义。民间文化遗产过去常常被认为是普通的、一般的、大众的而不被重视。但是它们却是养育了一代又一代民众的生活文化，反映了他们最真实的生活状况，记录了他们平凡的喜怒哀乐，具有广泛的认同感、亲和力和凝聚力。它们具有鲜明的民族性、地域性特征，是人类文化多样性的重要表现形式。北京大学张天新博士和日本京都嵯峨艺术大学山村高淑博士联合撰文指出“城市遗产保护，不仅要关注世界遗产，还要关注世间遗产[①]”。他们认为，如果说被列入遗产保护体系的是“骨”，这些被剥离在遗产范围之外的真实生活世界就是“肉”，二者相连才能构成一个完整的城市遗产有机体。城市遗产不应脱离普通市民的“真实生活世界”而存在，这个真实生活世界本身不仅构成世界遗产的背景环境，而且其本身也应该被视为是一种遗产，其普遍存在于世间，可以称之为“世间遗产”[②]。

过去，只有杰出的、在历史上或艺术上占有重要地位的纪念性建筑才能得到妥善保护，大多数的管理、资金与技术都投入到它们的保护方面，而大量未能列入文物保护单位的传统民居、乡土建筑、工业遗产和老字号遗产却难以得到保护。但是，今天保护对象应由

① “世间遗产”是由日本奈良的一个福利团体首先提出，意指平民百姓生活中的日常空间和普通风景，几乎可以涵盖生活空间的所有类型，包括具有地方特色的民居商铺、胡同巷道、工矿企业、手工作坊等。

② 张天新，山村高淑：《从“世界遗产”走向“世间遗产”》，载《理想空间》，2006（15），12页。

庞大、壮观的文化遗存延伸到小型、平凡的文化遗存。民间文化遗产与平民百姓的日常生活息息相关，对于城市的居民以及城市的未来发展都具有潜在的价值。这些充满生活气息的民间文化遗产如果不能受到应有的重视，不能在法律上确定其获得保护的权利，不能采取切实有效的保护措施、不能建立资金筹措渠道和维护机制，它们将难以避免地被拆除或被遗忘。例如开平碉楼是我国近代建筑历史中一个分支,它是记载着开平乃至五邑地区历史发展的实物载体，保护好开平碉楼，对于地区整体历史脉络的延续意义重大。开平碉楼始建于明末清初，随着开平华侨历史的发展，在20世纪30年代，开平碉楼已建成多达3000多座，但是由于时代的变迁，在2001年普查时，碉楼仅存了1833座，约占40%数量的碉楼已经消失。

从文化内涵来说，任何民族的文化都是由两个部分所组成。一方面是精英文化，另一方面是民间文化。前者往往是民族历史创造的文化经典，而后者则是养育民众的生活文化，直接表达着民众的认同感、亲和力和凝聚力。因此，民间文化遗产从真实生活的角度形成对原有文化遗产的补充，把人类社会的诸多要素作为文化基因保留下来，以达到教育后人的目的。民间文化遗产为文化遗产的保护提供了空间上的过渡、时间上的缓冲以及资源上的储备，有助于构筑起文化遗产完整的类型体系和保护框架。对于民间文化遗产，决不能因其不具有典型性和代表性就任其自生自灭，更没有理由因“旧城改造”或“新村建设”而加速其消亡。民间文化遗产的保护，在本质上是对真实生活世界的尊重，是把文化遗产保护看作一个渐进的过程，而不是一蹴而就的结果。目前，许多城市陆续将具有一般文化意义，但是见证了社会经济发展的传统民居、乡土建筑列为保护对象,这是社会进步和人类文化遗产认识水平不断提高的体现。

例如2003年7月北京市开始对四合院挂牌保护，挂牌保护的“现状条件较好，格局基本完整，建筑风格尚存，形成一定规模，具有保留价值”的四合院达658处，使北京旧城区内保存较好的一些四合院得到保护。

与传统建筑、乡土建筑所面临的情况相同，长期以来，对于反映各时代社会生产、市民生活的老字号遗产的保护，同样未能给予应有的重视。商业老字号作为城市的有机组成部分，展现着城市一份与众不同的独特风貌，蕴含着传统文化的气息，是城市商业文化中极具特色和代表性的内容。但是，近年来商品市场竞争日趋激烈，经济全球化的浪潮正以前所未有之势冲击着传统商业，大规模城市改造打破了原有的地域结构。随着城市改造，特别是修建穿越历史城区的交通干道，使一些商业老字号的传统建筑被拆改，一块块百年老店的牌匾被摘下。同时，随着生产手段的改变及传统工艺的失传，一些商业老字号逐渐失去了特色，有些甚至名不符实，改变了原有性质，经营起与自身特色毫不相关的商品，甚至更换门庭让位于新主人。实际上，每一家老字号都有数十年甚至数百年的发展史，它们栉沐了历史的风风雨雨，代代相传。它们的产品经受过市场一次又一次的检验，屹立不衰。这些老字号所创造的文化，有着古远的历史渊薮和深厚的文化内蕴，凝结了历代经营者的智慧和汗水。老字号的形成和发展具有自身的规律和特色，只有正确认识并掌握这些规律和特色，才能找到老字号保护与发展的正确途径。

（六）在保护形态方面的扩展

在文化遗产的保护形态方面，从重视“物质要素”的文化遗产保护，向同时重视由“物质要素”与“非物质要素”结合而形成的文化遗产保护的方向发展。将文化遗产的内容由物质的、有形的、静态的，伸延到非物质的、无形的、动态的，显示了当今人类对于文化遗产认识的进步。

物质与非物质文化遗产的区分只是其文化的载体不同，二者所反映的文化元素仍然是统一和不可分割的。因此，物质和非物质文化遗产必然是相互融合，互为表里。“物质文化遗产记忆的是传统中的文化，而非物质文化遗产保持的是文化中的传统。‘传统’也许可以帮助物质文化遗产与非物质文化遗产获得某种统一性，但逝去的与活着的又如何统一在广义遗产概念中呢”[①]？巍峨的故宫、壮美的天坛，每一个细微处都体现着对上天的敬畏和皇权的至高无上；水乡的昆曲、草原的长调，每一次演奏和吟唱都离不开自古相传的曲谱、二胡和马头琴。

文化遗产往往在精神的层面上具有重要的价值，例如对红旗渠的保护在关注物质层面文化遗产保护的同时，也应充分关注其精神层面文化遗产的保护。这是因为它对我国当代社会的影响远远不止于创造了一个物质环境，解决了一个地区农业和生活用水的问题，它所反映的人们的英雄气概，反映的社会的进取精神，构成了当时我国社会面貌的真实写照。因此，对红旗渠的保护应当包括当时所有相关文件报刊报道、学习参观记录、影像录音资料等内容，这样才能构成一个折射我国社会特定发展时期、特定人群的完整影像。

物质文化遗产与非物质文化遗产同属于文化现象，这是它们之间同质的方面，但是文化遗产存在的形式却具有较大的差异性。今天，人们对非物质文化遗产的关注与兴趣与日俱增。非物质文化遗产在不同程度地依附于物质文化遗产的同时，也给物质文化遗产以更生动的展示，延续着不同族群人们特有的传统文明，体现着生存

① 苏东海：《建立广义文化遗产理论的困境》，载《中国文物报》，2006-09-08（5）。

与进步的价值与活力。认识、抢救与保护非物质文化遗产，并使之与物质文化遗产事业统筹一致，这在当前尚处于起步阶段。无论是基本概念的界定，还是保护准则的研制，以及传承人制度的设立等等，都在积极探索、求证和尝试。还不能标示这一新兴事业已经步入成熟，但是其魅力无限的发展前景则已展现。

我们在着力保护文化遗产物质载体的同时，必须重视发掘和保存其蕴含的精神价值、思想观念和生活方式等非物质文化遗产，必须更积极地探索物质与非物质文化遗产保护相结合的科学方式和有效途径。例如加强对“文化空间”的保护与研究，以及深入开展“生态博物馆”（Ecological Museum）的保护实践。贵州省地处我国西南，境内现有苗、侗、布依等 19 个少数民族。他们大多生活在比较偏僻的山区，对外联系极为不便，因而生活、习俗等受外界影响较小，民族文化保存较好。同时当地气候温暖，山清水秀，大片的原始森林和奇特的喀斯特地貌构成一幅人间仙境。独特的民族文化加之得天独厚的自然环境，使其具备发展生态博物馆的良好基础。目前，由国内外专家学者和当地政府的积极推动，民众理解和积极参与下，建立起以六枝梭嘎苗族村寨、花溪镇山布依族村寨、黎平堂安侗族村寨等为中心的生态博物馆群，并进行了颇具理论建树的创新实践。

综上所述，文化遗产是一个内涵十分深刻并且不断发展丰富的概念。随着我国文化遗产保护理念的发展和实践的深入，乡土建筑、工业遗产、农业遗产、文化景观、文化线路、文化空间等等，都已成为文化遗产的重要组成部分。而这些类别限于我们过去的认识水平，没有得到应有的重视，同时存在对大型文化遗产、线型文化遗产的整体保护，对文化遗产背景环境的保护，缺乏应有的关注等认识方面的问题，导致大量文化遗产在相当长时期内没有纳入保护的视野，造成一定程度的损失。

三、文化遗产保护认识的转变

进入新的世纪，人类对文化遗产价值的认识日益深化，文化遗产保护的领域日益扩大，这无疑是一种进步。从“文物”到“文化遗产”，不是相互取代，而是继承发展。古物—文物—文化遗产，这一概念的发展逻辑，不仅是人类历史发展进程的体现，而且与人类认识由注重物质，向注重文化、注重精神领域的进步密切相关，这些无疑对文化遗产概念的认知产生着重大影响。

（一）文化遗产的概念更为宽广

与文物的概念相比，文化遗产的概念更为宽广。可以作为文化遗产保护的对象比文物保护的对象更加普遍，不仅是人类过去遗留的物质性遗存被视为文化遗产的组成部分，而且一切与人类的发展过程有关的工艺、技术、礼仪、风俗习惯等非物质形态的传统文化也被视为文化遗产的组成部分。人们对文化遗产的内容及其所包含的信息、价值等的认识在不断提高，从而使这一概念所承载的文化意义也更加深刻。“在可以充分清理历史遗产的某些间歇后面总是紧随着重新揭示的浪潮，那个间歇似乎正在缩短：它曾经是一百年，现在它大约是三四十年”①。

文化遗产作为一种特殊的资源，它的价值认知和评估首先在于发现，发现是一切文化遗产认知的前提和基础。正是基于这一点，文化遗产的发现理念正在日臻成熟，已逐渐地成为人类一种充满智慧的理性实践。今天，任何国家、地区、城市在其社会经济和文明

① ［美］凯文·林奇：《城市形态》，183页，林庆怡，陈朝晖，邓华，译，北京，华夏出版社，2001。

程度发展到一定水平的时候，往往会提出最大限度地寻找本地域现存文化遗产的调查要求，构想发现为数甚多、弥足珍贵的文化遗存，找寻人类昨天曾经创造的辉煌。“这些令人感奋不已的寻找文明之举，充分体现国际社会对保护文化遗产的高瞻远瞩和非凡气度，深受许多国家政府和民间组织的积极响应”[①]。

我国文化遗产保护理念的发展，促使我们再次通过开展全国文物普查，积极拓展文化遗产保护的领域和空间，将更多的文化遗产纳入保护范围，并进一步深化对已知文化遗产价值的再认识，使对文化遗产的认识水平和保护管理能力取得显著提高。今天，我们没有必要担心列入文化遗产保护的内容和数量太多，和人类共同的文化需要相比，和我们子孙后代的文化需求相比，在这个每时每刻都在变化着的世界上，可供我们保护的文化遗产已经不是太多，而是太少。因此，我们有理由紧急行动起来，争分夺秒地为当代，更为后代把那些难得的、反映人类社会进程的文化遗产抢救下来，把更多的文化遗产列入保护之列。

我国虽是文明古国，但是保存下来的文化遗产的数量并不值得我们自豪。“早在 20 世纪 90 年代中期，有人就严肃地提出了‘文物大国的忧患’，多次发出了‘我国文物匮乏’，‘博物馆贫血’，‘文物事业持续发展困难’的警告与呼救”。“中国，作为世界四大文明古国之一，确有其历史悠久，文物丰富的优势，并以此为世界各国所共尊。但是，盛名之下，其实难副”[②]。土地面积相当中国 1/74 的英格兰登陆保护建筑 50 万处，保护区 8000 多处。而我国各级文物保护单位仅 7 万处左右，保护区仅数百处。从国家层面保

① 董贻安：《重绘中华文化遗产“地图”构建文化遗产大资源观》，载《中国文物报》，2005-11-25（5）。

② 谢辰生，彭卿云：《文物大国的危机》，载《中国文物学会通讯》，1，15 页。

护的文化遗产状况来看，我国列入保护单位的数量也明显偏少，与我们文明古国的历史地位不相适应，甚至与同为发展中国家的一些国家和地区相比也存在较大差距。例如埃及由中央政府管理的文物古迹有 20000 余处；印度由国家管理的文物古迹有 5000 处左右；越南的国家级文物保护单位也有 2823 处，而我国列入全国重点文物保护单位的仅为 2351 处。

这一严峻的现实，并未能引起人们足够的关注。一些地方在自我陶醉于"文化遗产大省"、自我炫耀为"文化遗产强市"的同时，得到保护的文化遗产数量却日见减少，历史文化街区被拆除、古代文化遗址被占压、地下珍贵文物被盗掘、文化遗产环境被破坏等等，文化遗产所遭受的人为与自然的破坏日趋严重。更有一些城市决策者至今仍然没有把文化遗产作为当地的文化资源、宝贵财富和发展动力，而是将文化遗产视为影响城市建设和经济发展的包袱，错误地坚持不申报或少申报文物保护单位。例如笔者在江西景德镇市调研时，该市主要领导就公开反对将具有珍贵历史和科学价值的御窑厂窑址申报为全国重点文物保护单位，理由就是担心影响城市开发。

（二）文化遗产的概念更为综合

经济越发展，社会文明程度越高，文化遗产保护就越得到重视。从保护供人们欣赏的铜器、玉器等艺术品，到保护宫殿、寺庙等古代建筑艺术，再发展到保护反映普通人生活的住宅、作坊等一般传统建筑；从保护单体的文物建筑，到保护文物建筑周围的历史环境和成片的历史文化街区，再发展到保护完整的历史性城市，保护领域愈加丰富、保护内容愈加复杂，体现出文化遗产保护的发展轨迹和认识过程。对此谢辰生先生指出："文物工作不能拘泥于仅仅是考古、仅仅是古建筑等等，还要从宏观上，全面地来看待它、认识它。

文物是特定的东西，它本身是物质的，所起的作用却是精神的。它有自己特定的内涵、表现形式、管理方法等，需要进行综合研究。”① 在我国，上述变化标志着文化遗产保护领域的发展趋势，也符合国际上文化遗产保护的时代潮流。文化遗产概念的递进不仅表明人类的文化包容性在不断扩大，同时其态度和方法也更加科学。“正如所有环境都是自然的一部分，所有事物都是历史的—它们都早已存在，都与某些人和事相关联，因此都具有某种历史意义”。“只要是经得起时间考验的就值得保护”②。

在文化遗产保护实践中，上述发展趋势往往是交织在一起的，从而继续推动着文化遗产向综合化方向发展。例如红旗渠不仅具备“文化景观遗产”类型的基本特征，而且同时还是“动态遗产”“线形文化遗产”“农业遗产”和“20世纪遗产”，并且具有精神层面和教育方面的重要意义，因此，“它具有突出的普遍价值，具有作为世界遗产的潜在的可能性”③。正是由于文化遗产的综合性，对于其文化价值构成的主要内容进行分析、研究、评估就显得尤为重要。“任何一件或一处文物所蕴含的历史信息都不会是单一的，而是多方面的。因而每件或每处具体文物都往往具有多重价值，需要采用多学科的研究手段对文物进行综合研究，只有这样才能从深度和广度上，揭示其蕴含的全部历史信息，从而对文物的综合价值做出全面的评价。选择文物保护单位的具体标准，也不应该是一成不变的，而是应当随着人们认识的变化而变化”④。

当前，文化遗产环境保护的认识水平亟待提高。文化遗产的

① 谢辰生：《关于认识文物价值的一点看法》，载《中国文物报》，2006-08-04（3）。
② ［美］凯文·林奇：《城市形态》，183页，林庆怡，陈朝晖，邓华，译，北京，华夏出版社，2001。
③ 吕舟：《第六批国保单位公布后的思考》，载《中国文物报》，2006-08-18（5）。
④ 谢辰生：《关于认识文物价值的一点看法》，载《中国文物报》，2006-08-04（3）。

保护如果只停留在一个个具体的物质形态上，那么，在改造后的历史城区中，文化遗产的整体性就将被割断，文化遗产必将沦为一处处文化“孤岛”。这些散布于城市之中，被崭新的混凝土建筑森林所包围着的点点“孤岛”，在一些人眼里会再次沦为“古董”或“古玩”，既渺小，又不协调，失去了文化遗产往日的尊严，失去应有尊严的文化遗产将难以焕发活力，难以发挥出应有的价值和作用。谢辰生先生指出：“以往从事文物保护工作的关注点总放在一座庙、塔等文物单位保护上，但文化遗产并不仅仅是这些，需要保护的更多的是历史文化环境风貌，这些往往是历史文化遗产完整性和真实性的集中体现”[①]。对此，我们不能囿于传统的思维定势，不能就事论事，以物论物，特别是对文化遗产价值的认知要避免狭隘性、片面性、主观性和封闭性，应客观、全面、真实地反映文化遗产的固有特质，从而对文化遗产资源丰富的内涵和外延进行科学辨识。

（三）文化遗产的概念更为深刻

任何文化遗产都具有历史、艺术、科学价值。就此而言，文化遗产的保护首先是对其价值的保护。文化遗产涉及的事件与人物，可能关系历史上的成功与失败，美好与丑恶，这些会有正面与负面之分。然而，文化遗产作为知识信息的载体，保护应首先突出真实性和完整性。“文化遗产价值与生态环境价值在本质上是类似的。在天然生态环境中，既有平原，又有高山，既有森林、草原，又有沙漠，等等。人们不能简单地断言，平原价值高而山地价值小，森林草原有正面价值而沙漠则有负面价值。究其自然价值而言，它们

① 田远新：《谢辰生谈保护北京历史文化遗产和古都风貌》，载《中国文物报》，2003-11-07（5）。

是平等的，均是正面的，均需要保护。遗产价值亦应作如是观”[①]。在文化遗产领域既有古遗址、古墓葬、古建筑、石窟寺及石刻，也有近现代建筑等，既有农业遗产、工业遗产，也有商业遗产等，人们不能简单地断言，古代建筑价值高而近代建筑价值小，农业遗产价值高而工业遗产价值小等等，也不能简单断言，古遗址有正面价值而古墓葬则有负面价值，就其文化价值而言，它们是平等的，均需要加强保护。

事实上，我国文化遗产资源的内涵十分深刻，外延十分宽泛，应该而且必须赋予创新认知。文化遗产的价值研究，随着人们认识的进展，还会有新的提炼、概括和提升。因此，采取各种可能的技术手段对文化遗产特征进行记录是一项最基本的保护措施。只有确定文化遗产的核心价值内容，以及构成这种价值的相关要素，才能对文化遗产进行有效的保护。拓宽文化遗产保护思路，加大文化遗产保护力度，不应有“盲区”或“死角”，既要重视古代文化遗存，也不能忽视近现代文化遗存；既要重视物质遗存，也不能忽视非物质遗存，不能割裂历史，更不能人为地制造“断层”，特别是要加强对以往文化遗产保护中未能引起重视或根本未加保护的部分。

文化遗产保护体系，是针对与保护对象有关的内部、外部考察范围，所确定的定性、定量、定形态的科学研究体系，也是一个发展着的动态体系，伴随着人类社会价值观念的演变，文化遗产观念也不断发生变化，对文化多样性和生物多样性的尊重必然更加突出，文化遗产的外延种类和评价体系也必然不断丰富。因此，我们要建

① 徐嵩龄：《第三国策：论中国文化与自然遗产保护》，15 页，北京，科学出版社，2005。

立起新的文化遗产资源观，既要以对我国文化遗产资源的深刻认识为基点，又要站在中华文明应对人类文化遗产事业做出卓越贡献的高度，使对文化遗产的认知水平不断提高，认知领域不断扩大，建立起多元一体的文化遗产资源认知体系，构建起负责任的文化遗产资源大国的应有形象。

“文化多样性”的重要意义在国际社会已被提升到人类多元文明生死存亡的高度。在文化遗产领域，这一理念被普遍接受，从而也拓宽了人们的文化视野，增进了不同国度、不同族群人们之间的相互了解、尊重与平等交流。“假如我们把保护历史当作一个感受的问题—作为一种丰富我们的时间概念的方法—那么该运动的某些令人困惑的矛盾之处就会烟消云散。我们保护旧事物，既不是为了它们自身的缘故，也不是像堂吉诃德那样企图阻止变化，而是为了更好地传达某种历史感”[①]。我国是一个幅员辽阔的文明古国和现代发展中国家，既有悠远多姿的古老文明和丰富多彩的文化遗产资源，又有逐渐强盛的综合国力和与日俱增的国际影响。我们应当致力于以新的观念对待新时期文化遗产学科的发展，时刻关注国际社会一切与文化遗产相关的新视点，不断针对我国的文化遗产保护实际加以研究分析，推进并开拓文化遗产保护工作，应对新挑战，提出新观念，谋求新发展。

① ［美］凯文·林奇：《城市形态》，184页，林庆怡，陈朝晖，邓华，译，北京，华夏出版社，2001。

在明长城长度数据发布仪式上的讲话

（2009年4月18日）

长城体现了中华民族热爱和平、保卫家园的永恒追求，是中华民族勤劳和智慧的结晶。两千多年前，我们的祖先开始修建长城，明代又进行了大规模的修建。但是，长城究竟有多长，明长城究竟有多长，修建之时恐怕都难有一个精确数字，何况历经千百年的自然和人为破坏，长城的长度始终未有准确数据。

从2006年开始，国家文物局根据《长城总体工作方案》，正式启动了为期10年、包括长城资源调查在内的长城保护工程。国家文物局与国家测绘局合作,共同推动了明长城资源调查。为摸清家底，获得精确的长度数据，明长城沿线10个省、市、自治区文物和测绘部门的专家和工作人员精诚合作，跋山涉水，风餐露宿，付出了艰辛和努力，一步步丈量、一段段测算出明长城的长度，涌现出很多感人事迹，获得许多重要发现。他们采用传统田野考古调查手段，结合现代科学技术，使用GPS、激光测距仪等先进仪器，除了测量计算出明长城的长度数据外，还对长城的墙体、附属文物、保护管理状况、自然与人为状况进行了详细调查，获得大量翔实、准确的数据。在此，我要向他们表示由衷的敬意和感谢！

25年前，邓小平同志亲自倡导“爱我中华、修我长城”活动，极大地调动了广大民众保护长城的爱国热情，并将这份热情转化到实际行动中。我们也清醒地认识到，尽管长城保护工作取得了一些成绩，文化遗产事业已为社会和谐发展发挥了重要作用，但是要切实保护好长城这一伟大的世界文化遗产，依然任重道远。国家文物局将继续依靠一切社会力量，继续推进长城保护工程。

在今年这样一个特殊的年份，中华人民共和国60华诞之年；在今天这样一个特殊的日子，“4·18国际古迹遗址日”；在八达岭这样一个特殊的地方，中国第一批树立世界文化遗产标志的遗产点；在所有来宾和朋友们共同见证下，国家文物局和国家测绘局即将发布明长城长度数据。此刻，我和大家一样，心中充满了期待和兴奋。

我们公布明长城长度数据，既是通报长城保护工程的阶段性成果，更是以此为契机进一步呼吁全社会珍惜优秀民族文化遗产、保护长城，从而发挥文化遗产事业在建设和谐社会、实现可持续发展中独特、积极的作用。让我们齐心协力，共同奋斗，为我国文化遗产事业和长城保护的良性发展，为全人类共同遗产的长久保存、永续利用，贡献出我们的智慧和力量！

在“第三次全国文物普查摄影图片展”开幕式上的致辞

（2009 年 9 月 29 日）

今天，我们怀着喜悦的心情，相聚在有着 700 多年历史的孔庙和国子监博物馆，举办“聚焦中国文化遗产”大型摄影展、第二届第三次全国文物普查摄影图片展、“我与文化遗产保护”征文暨第三次全国文物普查征文评选颁奖仪式，庆祝新中国成立 60 周年华诞。60 年来，勤劳敬业的中国文物工作者在古老而又充满生机的华夏大地上，创造了中国文物事业空前发展的局面。

为进一步展示 60 年来中国文物事业所取得的伟大成就，激发社会各界参与文化遗产保护的积极性与热情，2009 年年初，国家文物局决定面向全国范围陆续组织开展“聚焦中国文化遗产”大型摄影展、第二届第三次全国文物普查摄影图片展、“我与文化遗产保护”征文暨第三次全国文物普查征文评选等系列活动。活动开展以来，社会各界给予高度关注和热情参与。他们当中，既有在文物事业中工作多年的老领导、老专家，也有刚刚步入大学校园的青年学子；既有辛勤工作在普查一线的普查队员，也有热心参与文化遗产保护的志愿者和社会人士。他们或用欢快的镜头展现中国文化遗产的丰富与精彩，或用流畅的笔锋记录文化遗产保护工作的艰辛与喜悦，共同营造出“文化遗产人人保护，保护成果人人共享”生动局面。今天，举行这场颁奖仪式的目的就是要把他们当中的优秀作品代表推介给大家，以带动更多人参与到文化遗产保护工作中来。

在国务院第三次全国文物普查领导小组办公室第三次会议上的讲话

（2010年3月31日）

今天上午的会议开得很成功。从大家发言来看，各成员单位对于这次文物普查都非常重视，已经做了大量的实际工作，与会同志对今后的工作也提出了很多好的意见和建议，达到了预期的效果。现在我就领导小组办公室的工作再谈几点意见。

国务院第三次全国文物普查领导小组办公室第三次会议

一、高度重视，不辱使命

在大家的共同努力下，目前文物普查第二阶段实地文物调查工作已基本完成，取得了阶段性的成果。下一阶段的数据整理、验收和汇总工作即将全面铺开，在这样一个承前启后的关键时期召开此次领导小组办公室会议，意义重大。我们要清醒地认识到，完成野外的实地文物调查并不代表普查工作就大功告成，后续的工作非常关键，任务也很繁重。其中验收是提升普查工作质量、保障普查成果的重要环节，普查数据的整理和发布是普查工作和成果的最终体现。我们决不能思想松懈，出现虎头蛇尾的现象，在这方面领导小组办公室要起到带头作用，要以对国家和民族高度负责、对历史和未来负责的态度，切实履行自身职责，积极做好普查数据的整理、验收工作以及普查成果的发布工作，为文物普查的全面完成打下坚实的基础。

二、求真务实，强化质量

普查领导小组制订公布的《文物普查实施方案及相关标准规范》是开展文物普查，全面掌握不可移动文物基本情况和生存状态的根本依据，必须严格遵照执行。在实地文物调查过程中，我们注意到有些地方采取缺乏科学的认定和不合理的计量等方式，片面追求文物点数量，从而忽视了登记不可移动文物的质量，这种做法是本末倒置、得不偿失的。“重数量、轻质量”的行为，势必对准确判断文物保护形势、科学制订文物保护政策和中长期规划，构建科学有效的文化遗产保护体系产生不利影响。在这一点上，我们决不能姑息纵容，要发现一个纠正一个，务必做到实事求是、科学认定、准确计量。刚才汇报中提到的共调查登记文物点近 93 万处，其中新发现文物点 66 万多处，这些都属于普查阶段性数字，不是最终的公布的数字。在下一步的抽查、验收、核实过程中，这些数字可能会有一些变动。这种变动是正常的，是强化普查质量、科学规范普查工作的一种直接体现。我们也要求各级普查机构在下一阶段认真做好普查数字审核工作，不得擅自对外公布相关数据，必须通过验收确认后由国务院普查领导小组统一对外发布。我相信通过大家的共同努力，一定能让本次文物普查的数据能够经得起时间的检验和历史的考验。

三、加强协调，深化合作

文物普查涉及方方面面，需要各有关部门既各司其职、各负其责，又通力协作、密切配合。在已完成的文物普查阶段中，各成员单位都很好地做到了这一点。一方面，各成员单位结合本行业、本部门的工作特点，积极参与文物普查。财政部门给予了经费上的保障，国家测绘局先后提供了 1 ∶ 100 万和 1 ∶ 25 万比例尺全国范围电子地图作为普查成果用图，各地测绘部门也积极提供地理信息数据，积极推动了普查工作。部队还专门下发了通知，组织了培训，开展了军队营区的专项普查；另一方面，各成员单位参加的联合督察小组深入一线，以认真负责的态度，督促各地推进实地文物调查工作，发挥了重要的作用。这要感谢在座的各位作为办公室成员，在各部门间的联系沟通作用。接下来的数据整理和汇总验收阶段的任务同样艰巨，还要通过我们的共同努力使各有关部门在文物普查工作中继续协调一致、深化合作。一是要把军队开展的本系统普查成果，按照相关规定，纳入整个文物普查成果，保证普查成果的统一、完整。会后文物局要主动与军队沟通，制定具体可行的成果纳入方案，力争在召开领导小组会议之前予以解决。二是要做好普查成果的发布准备工作，文物局要与统计局等单位积极沟通，按照《统计法》的相关规定，研究相应的公布程序、方法，这方面还需要统计局多支持和帮助。

三是普查所需电子地图的后期制作等方面需要测绘局技术支持。四是中央党史研究室、水利部开展本系统普查工作，文物局将全力配合，从文物专业方面予以支持。五是领导小组各成员单位可以指派相关领域的专家，参与普查的验收和数据汇总工作。

四、心系基层，做好保障

自文物普查开展以来，领导小组办公室始终关注一线，心系基层，把落实一线普查队员的切身利益放在首位来抓，这也是一线普查队员的工作动力源泉，保证了实地文物调查工作的按时完成。文物普查即将从野外转入室内。虽无风餐露宿、日晒雨淋之苦，但是时间紧、任务重，同样需要普查队员们发扬艰苦奋斗、不怕繁琐、不怕反复的工作作风。这绝不是件轻松的事情，我们领导小组办公室要继续发扬心系基层的良好作风，适时调整工作重点，切实做好普查队员后勤保障工作。近期主要做好以下四个方面：一是要尽快发布普查汇总软件系统，为普查验收和资料汇总提供保证，使普查队员的劳动成果得以体现；二是要适时召开阶段工作会议，做好本辖区内普查资料的整理、汇总、上报和数据库建设以及公布普查成果的具体时间安排，让普查队员弄清楚下一阶段做什么、该怎样去做；三是保证普查队伍的稳定，避免出现人员流失现象；四是多方面筹措资金，为普查数据库建设和成果出版提供经费支持。

五、加强保护，扩大宣传

文物普查是国情国力调查的重要组成部分，是确保国家文化遗产安全的重要措施。这次普查中新发现文物点68万多处，数量巨大，类型丰富，特别是工业遗产、乡土建筑、20世纪遗产等新增文化遗产品类所占比重很大，许多新发现与我们各成员单位的行业、系统息息相关，也是各行业、系统宝贵的历史财富和文化生长点。新发现文物的保护和利用将是下一阶段的工作重点，也是摆在我们面前的重要课题。现在正在开展的第七批全国重点文物保护单位申报工作，将是对新发现文物进行保护的有效举措。通过开展普查宣传活动，提高整个社会的文化遗产保护意识，也是加强文化遗产保护的重要方面。我们计划在今年6月份的“文化遗产日”期间，以普查领导小组办公室名义，开展表彰实地调查阶段做出突出贡献的个人和单位的活动，这次表彰主要针对一线普查队员和参与普查的社会志愿者，通过表彰活动掀起普查宣传活动的新高潮。

积跬步以至千里，积小流而成江海！第三次全国文物普查时间已过大半，距离2011年年底普查结束还有不到两年的时间，我们一定要坚定信心和决心，尽己所能，扎扎实实地做好每一步的工作。我深信，有国务院的高度重视，有成员单位的积极参与，有社会各界的广泛支持，有普查队员的艰苦奋斗、心血付出，我们一定能够按时保质地完成文物普查工作！

在国家文物局、国家测绘局战略合作签字仪式上的致辞

（2010 年 6 月 7 日）

很高兴在我国第五个“文化遗产日”即将来临之际，国家文物局、国家测绘局在此举行两局《关于加强战略合作的协议》签字仪式。今天下午就在同一个会场，两局组织专家对明长城测量成果进行了验收，两局正式履行了相关成果移交手续；即将签署的两局未来战略合作协议，标志着国家文物局、国家测绘局今后将在文化遗产保护领域进一步加强合作，全面构建战略伙伴关系。

近年来，国家文物局和国家测绘局在第三次全国文物普查、长城资源调查等文化遗产资源调查项目中，初步建立起分工明晰、协调一致、行之有效的合作关系，通过合作实现了文物部门和测绘部门的优势互补，使得现代测绘技术在文化遗产保护领域得到广泛应用，进而推动了文化遗产工作向精确化、综合化方向发展。

在第三次全国文物普查工作中，测绘部门在基础地理信息资料的供给、测绘高新技术的使用等方面，给予文物部门充分的技术支持，确保了第三次全国文物普查工作的顺利开展。在明长城资源调查工作中，来自长城沿线各省区市的数百位文物工作者、测绘工作者联合组成调查队，他们工作在一起、吃苦在一起，历时三年，在艰苦的条件下如期完成明长城野外调查和内业整理、量测工作，摸清了明长城家底。经过国务院同意，国家文物局和国家测绘局在 2009 年 4 月 18 日共同发布了明长城长度数据，填补了长城保护工作的一项空白。此外，

为了保护好、管理好、使用好长城资源调查数据，文物部门与测绘部门再度携手，共同开发长城资源信息系统。该系统将于近期正式验收。届时，长城资源信息系统将收纳长城资源调查工作的全部数据成果，成为信息量最大、内容最翔实、权威性最高的长城保护平台，为长城保护规划编制、历史研究、公众参与等工作提供有力支撑。业已取得的丰硕成果证明，文物和测绘部门的合作方式、方法是成功的。

随着文化遗产事业的不断发展，对以大运河、“丝绸之路”、“茶马古道”等为代表的文化线路遗产进行整体保护，拓宽了保护领域，也构成了未来文化遗产保护事业的发展趋势。这些文化遗产占地面积广阔、遗产构成丰富、周边环境复杂，保护、管理、利用好这些巨型文化遗产，实现文化遗产保护与遗产地经济社会协调发展，是摆在我们面前的一道难题。我们希望通过对这些重要的文化遗产的整体保护，带动各地文化遗产管理水平的提升。在此背景下，我们迫切需要进一步加强与测绘部门的合作，发挥现代测绘技术、空间信息和数字管理平台等的重要作用，有效管理大型文化遗产的数据信息，实现文化遗产实时监测与保护，促进相关各类规划相互衔接，开创文化遗产保护、管理的新模式。

此次，国家文物局与国家测绘局签订《关于加强战略合作的协议》，进一步拓展两局合作领域，确立相互支撑、优势互补、共同发展的战略合作关系。这是我国文化遗产保护工作的一件大事，必将促进双方在文化遗产资源调查、世界文化遗产保护与遗产地监测、管理等领域开展更加广泛和深入的交流与合作，有利于文化遗产保护进一步发展。我们坚信，两局的密切合作，文物和测绘工作者的共同努力，一定会为文化遗产的科学保护和管理积累经验、开拓思路，开创文化遗产保护事业的新局面。

在国务院第三次全国文物普查领导小组第三次（扩大）会议上的汇报

（2010 年 6 月 22 日）

受国务院第三次全国文物普查领导小组委托，现在我向会议汇报第三次全国文物普查工作进展情况和下一阶段的工作计划。

一、文物普查近期进展情况

2008 年 9 月，国务院第三次全国文物普查领导小组第二次（扩大）会议召开后，各地区、各部门认真落实国务院会议精神，全面推进普查工作。目前，各地区普查工作进展顺利，第二阶段的实地文物调查工作任务已经全面完成，转入了第三阶段普查数据整理、验收和汇总工作。近期主要工作情况如下。

（一）各级政府高度重视文物普查工作

领导重视、责任到位是开展普查工作的基础。第三次全国文物普查是国务院组织开展的一项重大国情国力调查，各省（自治区、直辖市）真正将文物普查作为政府的一项重要工作加以落实。在实地文物调查阶段，各省（自治区、直辖市）政府通过召开领导小组会议、调整普查领导机构、签订政府责任书等形式，对普查工作的目标责任、完成期限都提出了明确的要求。各地政府领导亲自过问，关注普查最新进展情况，解决普查难点问题。河南、山西、江西、宁夏等省区分管领导多次听取文物普查工作汇报，安排部署下一阶段工作，扎实推进普查工作的深入开展。内蒙古、新疆维吾尔两自治区政府多方筹措资金，为普查提供专用车辆，提高了普查的工作效率。陕西、浙江等省分管领导经常深入普查一线，关心普查队员的生活情况，解决他们的实际困难，进一步激发了普查队员的工作积极性。

（二）领导小组成员单位热情参与文物普查

普查工作离不开领导小组成员单位的支持和参与。各级文物部门主动加强与成员单位的沟通与合作，成员单位也结合本行业、本部门的工作特点，积极参与文物普查。各级财政部门全力支持文物普查工作，普查经费的落实情况超过预期。截至 2010 年 4 月底，中央和地方各级财政累计投入第三次全国文物普查经费 12.03 亿元。浙江、广东、四川等省的累积普查经费投入超过 8000 万元。中央和地方各级财政部门会同文物部门积极争取资金为普查队员配备电脑、GPS、数码相机等必要设备，确保了普查工作的顺利开展。中央党史研究室开展革命史迹的普查工作，并与国家文物局探讨开展普查的合作方式。国家测绘局为文物普查提供了 1 ： 25 万比例尺全国范围电子地图作为普查成果用图，天津、浙江、新疆测绘局无偿提供大比例尺文物普查用图。国家文物局与国家统计局沟通联系，商谈文物普查成果发布的相关事宜。民政部结合第三次全国文物普查组织开展烈士纪念建筑物保护单位文物普查和附属可移动文物鉴定培训班，国家文物局委派相关领域专家进行授课。全军环保绿化委员会组织开展首次军队营区不可移动文物普查，举办军队营区文物调查培训班，并实地考察军队营区文物普查成果。

（三）领导小组办公室全力推进文物普查工作

第三次全国文物普查领导小组办公室按照普查领导小组的统一部署，通过检查督导、召开专题会议等形式督促普查进度。特别是针对西部地区抗震救灾和维护社会稳定任务重，文物普查进度一度稍慢的情况，加大督促和扶持力度。通过召开2009年度西部六省区文物普查工作会议，协调江苏、浙江两省对口援助青海省文物普查等多种方式，使这些地区的普查进度明显加快。截至2010年4月底，全国2857个县域基本单元，包括全国40892个乡镇，全部完成了实地文物调查，完成率达100%。

国家文物局广泛动员文物系统工作人员投入普查工作之中。国家和各省级文物考古研究单位、文物保护修缮机构、高等院校文物博物馆专业和博物馆等单位业务骨干，充分发挥专业优势，深入第一线实地调查，逐个地县进行业务指导，起到了主力军的作用。截至2010年4月底，全国各级文物普查机构共投入人员47640名。陕西、湖南、云南、河南、四川等省在一线工作的普查队员都超过了1500人。

（四）加强技术指导，质量显著提高

严格控制质量是普查工作的核心内容。各地区在保证普查进度的同时，普查质量控制工作也有显著提升。针对各地反映普查认定和计量标准不统一、采集软件系统不稳定等问题，领导小组办公室组织专家修订了普查标准规范，完善了数据采集软件，轮训了地市级普查队长，召开了质量控制会议，使普查计量和认定更加科学合理，采集软件更具操作性，普查队员对普查标准的认识和理解更加明确、统一，对普查质量的提高起到了明显效果。

各省级文物部门认真落实普查质量省级责任制，严格把好普查质量关。针对国家文物局对普查质量控制方面要求，各地区结合实际情况，充分发挥专家作用，通过召开专家座谈会、举办培训班、实地检查指导等形式，为普查队员答疑解惑，解决实地文物调查中各类技术问题，强化了普查质量。各地从组织机构到工作群体还积极利用现代电子信息技术为传媒，开展普查技术咨询、经验介绍和心得体会交流等，上海、青海、黑龙江、广西等省（自治区、直辖市）普查群体建立了文物普查专门的QQ群，专家在线答疑，普查质量显著提高。

（五）实地文物调查阶段验收工作全面铺开

验收分为县域基本单元验收和省级整体验收两个阶段。县域基本单元验收由省级普查机构组织实施，省级整体验收工作由国家文物局组织实施。为提高县域基本单元验收质量，国家文物局编制了《第三次全国文物普查实地文物调查阶段工作验收指导意见》和普查验收校验软件，组织召开了普查验收试点现场会、验收工作座谈会，进一步明确了验收程序和内容。各省（自治区、直辖市）结合本地实际情况，创造性地开展普查验收工作。山西、辽宁等省将本省的第一个县域基本单元的验收工作当作全省的试点，组织各地市普查队员观摩参观；山东省对验收标准进行了百分制量化，验收结果更加公正、客观。截至2010年4月底，全国已有22个省（自治区、直辖市）完成了县域基本单元实地文物调查阶段验收工作。

对于县域基本单元已全部验收完成的省份，国家文物局组织专家进行文物普查数据的省级整体验收。近期，国家文物局专门制定了《第三次全国文物普查省级整体验收实施方案》，研发了“文物普查汇总软件管理系统”，对省级整体验收工作做出了明确的要求。截至2010年5月底，已经有吉林、浙江、天津等省市通过了省级整体验收。

（六）加大宣传力度，社会广泛参与

从文物普查启动以来，宣传工作就放到了突出的位置。国家文物局通过开展第三次全国文物普查征文、举办普查成果摄影图片展、出版《第三次全国文物普查新发现》、印制《第三次全国文物普查进度汇总表》册页等一系列活动，有力地推动了宣传工作开展。《中国文物报》还开辟专栏对普查的技术应用和成果转化进行重点关注，收到很好的效果。

各级普查机构联合新闻媒体，通过举办展览、开通热线、散发宣传品等方式，大力宣传文物普查知识、阶段性成果和广大文物普查工作者的精神风貌，得到了社会各界的广泛支持和积极参与。北京市文物局专门在电视频道投放普查公益广告，大幅度地提升了文物普查工作的认知度，有效地扩大了文物线索和信息的来源；安徽省文物部门自筹经费在合肥市区公交车上、火车站出口、指示路牌等处张贴普查宣传画，营造了良好的普查氛围；江苏省开展了全省文物普查十大重要新发现的评选活动，群众参与踊跃；河北省招募大学生志愿者，充实到普查队伍中；西北大学、天津大学、同济大学、吉林大学等高等院校结合课题实习，配合当地的普查队员开展普查工作。

（七）开展实地文物调查阶段表彰活动

为激发一线普查队员的工作热情，掀起文物普查宣传的新高潮，国家文物局以普查领导小组办公室名义，组织开展了第三次全国文物普查实地调查阶段突出贡献个人和集体的评选表彰活动，这次活动主要针对一线普查队员和参与普查的社会志愿者，重点表彰实地文物调查中涌现出的先进个人和集体。在今年文化遗产日期间，国家文物局在苏州对部分获奖个人和集体进行了现场颁奖活动。山西、陕西、贵州、福建等省根据本省普查进展情况，召开实地调查阶段总结表彰会，对工作中涌现出的先进集体和个人进行了表彰奖励。

（八）普查成果丰硕，文化遗产类型多样

在各级文物部门的精心组织下，通过一线普查队员两年多来艰苦而细致的工作，实地文物调查工作成果丰硕，取得成绩远远超过预期。各地在实地文物调查中新发现了一大批具有重要历史、艺术、科学价值的古遗址、古墓葬、古建筑，极大地丰富了我国的文化遗产内涵。截至 2010 年 4 月底，全国共调查登记不可移动文物 911549 处，其中新发现 664530 处、复查 247019 处。河南、四川、陕西、浙江等省调查登记不可移动文物总量超过了 70000 处。

在做好实地文物调查工作的同时，各地注意增加了调查工作的广度和深度，扩展新的领域，真正达到了通过普查带动整个文化遗产保护事业发展的目的。工业遗产、乡土建筑、20 世纪遗产、文化线路、文化景观等新的文化遗产类型在普查中得到充分重视，在新发现文物点中占有较大比重；山东、浙江、海南、广东等省沿海水下文物普查工作取得阶段性成果；河北、甘肃等省集中力量，发挥专业优势，开展了古遗址、古墓葬、工业遗产等领域的专题调查；新疆与国家博物馆联合开展的遥感及航空技术应用，在沙漠无人区新发现文物点 795 处，有效提高了普查的覆盖率；湖北、云南、重庆、西藏等省市区将新发现的文物点及时公布为相应级别的文物保护单位。

二、文物普查工作中存在的问题

总的看来，第三次全国文物普查进展顺利，按计划完成了实地文物调查工作，取得了阶段性成果。但是，目前文物普查工作也遇到了一些问题和困难，主要体现在以下几个方面。

长治市法兴寺

晋城市青莲寺

永康市五峰书院

景洪市橄榄坝大佛寺

（一）部分地区文物普查工作有所松懈

在实地文物调查工作接近尾声的时候，部分地方出现了松懈的现象，其中既有主观原因，也有客观原因。主观上认为野外调查就是文物普查的全部工作，完成实地文物调查就代表大功告成了，在思想上有所松懈；客观上由于经历了两年多的实地文物调查，付出长期的辛勤劳动，一些普查队员身体和心理也达到了极限，产生厌倦情况，造成了松懈的现象。

（二）普查数据质量有待进一步提高

部分地区实地文物调查与数据汇总工作并非同步进行，采取先调查记录、后录入软件汇总的方式，调查与录入缺乏有效衔接，使上报的普查数据无法满足汇总的要求，给普查工作带来了一定的难度。

（三）个别省份存在重数量、轻质量的现象

有些省份片面追求文物点的数量，未能正确处理“文物大省”和文物点数量的关系，导致在文物计量和认定方面存在缺乏科学性的现象，也不符合国家颁布的相关标准与规范，从而影响了普查工作的整体质量。

（四）“重发现、轻保护”的现象较为突出

普查中新发现文物占登记文物点的70%以上，超过66万处。数量巨大，类型丰富，其中不乏一些历史、艺术、科学价值很高的不可移动文物。但是，一些地区在普查过程中，缺乏对新发现文物保护与管理的有效措施，“前脚普查，后脚破坏”的现象时有发生，部分地方甚至出现了调查登记的文物点在验收现场复核时已被破坏的现象。

三、文物普查下一阶段工作计划

2010年是普查验收工作的完成之年，也是从实地文物调查阶段转入室内资料整理阶段的关键之年。为全面完成普查数据验收、汇总和成果转化等工作，下一阶段，第三次全国文物普查领导小组办公室将重点做好以下几个方面工作。

（一）制定第三阶段的具体工作安排

按照《第三次全国文物普查实施方案》的要求，各地尽早召开转段工作会议，抓紧制定本辖区内普查资料的整理、汇总、上报、档案和数据库建设以及公布普查成果的具体时间安排和经费预算，为文物普查的全面完成打下坚实的基础。

（二）督促部分省份尽快完成县域基本单位验收

县域基本单位验收工作仍未完成的省份，要加快工作进度，集中人力、财力，在保证验收质量的前提下，尽快完成全省（自治区、直辖市）的县域基本单位验收工作。国家文物局加大检查督促力度，确保验收工作按时完成。

（三）全面开展普查省级整体验收工作

按照《文物普查省级整体验收实施方案》要求，将组织专家对各省（自治区、直辖市）逐一进行普查数据的省级整体验收，只有省级整体验收通过的省份，才能转入编写名录、成果转化及应用等工作。各省（自治区、直辖市）要做好普查数据汇总的软硬件环境建设，指派专人负责，为省级整体验收创造条件。省级整体验收工作将于今年年底之前全面完成。

（四）积极联合成员单位开展普查相关工作

文物普查下一阶段的数据整理和汇总、成果发布等工作，需要各成员单位的支持和协作。国家文物局将与统计、测绘、党史、军队等部门和单位密切配合，共同完成第三阶段的各项工作任务。

（五）开展文物普查数据误差率抽样检测

文物普查数据误差率抽样检测是第三次全国文物普查的重要组成部分，是判定整体数据可靠程度的重要方法，也是提高统计数据准确率和公信力的必备程序。国家文物局将在各省（自治区、直辖市）验收工作结束后，在全国随机抽取 3% ~ 5% 的镇域基本单位为样本，开展文物普查数据误差率抽样检测工作，对普查数据进行校核、修订。

（六）加强普查资料档案管理工作

国家文物局专门制定了《第三次全国文物普查资料档案管理规定》，已于近日正式公布实施。在第三阶段数据整理、汇总工作中，各地要严格按照档案管理规定的各项要求，指派专人负责档案管理，特别是涉密档案更应严格管理，签订责任书，确保普查档案的完整性和安全性。

（七）加强普查成果的保护和应用

对于普查中新发现的不可移动文物，要及时予以认定、公布不可移动文物名录和相应级别的文物保护单位。在第七批全国重点文物保护单位的申报过程中，国家文物局将对第三次全国文物普查中新发现的价值突出、品类稀缺的不可移动文物予以重点关注。同时要继续拓宽文物普查的工作思路，积极探索文物普查成果的应用，通过制作文物电子地图等形式，将普查成果与城乡规划、城乡建设和大型基础设施建设相衔接，使文物普查成果最大限度地服务于经济社会发展。

（八）继续做好普查宣传工作

今年普查工作将从野外转入室内。根据普查工作变化情况，将宣传重点放在宣传普查成果上，特别是新发现的工业遗产、乡土建筑、20 世纪遗产等新的文化遗产类型。通过召开新闻发布会，举办普查成果展览，开展“百大文物普查新发现”评选活动，让人民群众更加了解文物普查的意义，提高全社会的文化遗产保护意识。

在第七批全国重点文物保护单位评选会上的报告

（2010 年 7 月 19 日）

今天我们在这里召开第七批全国重点文物保护单位评选工作第一次全体大会，布置、开展第七批全国重点文物保护单位评选工作。这是国家文物局今年的一项重点工作，也是全国文物系统的一件大事。2006 年第六批全国重点文物保护单位公布以来的四年时间，正是我国文化遗产保护事业持续发展，文化遗产内涵和外延不断扩大的关键时期。国家文物局开展第七批全国重点文物保护单位的申报评选工作，也是顺应文化遗产发展趋势，在新的起点开创文化遗产事业新局面的重要举措。根据工作计划，我们在 2009 年上半年就发出通知，要求各省、自治区、直辖市开展申报工作。今年前几个月，我们又委托中国文化遗产研究院对申报材料进行了全面整理，为召开这次专家评选会做了必要的准备。下面，我就此项工作的开展谈谈一些看法。

我国历史悠久，人文璀璨，古迹众多。为了加强对文物的保护，继承中华民族的优秀文化遗产，促进科学研究工作，进行爱国主义和革命传统教育，选择一批具有重大历史、艺术、科学价值的不可移动文物报国务院核定公布为全国重点文物保护单位并依法加以保护，是法律赋予国务院文物行政部门的一项重要任务和职责。国务院已先后公布了六批共计 2352 处全国重点文物保护单位，分布于全国际港、澳、台以外的所有地区，其形成年代贯穿了我国远古人类产生直到现代，所表达的内容涵盖了政治、经济、军事、文化艺术及社会生活的方方面面，勾画了中华民族形成、发展、壮大的伟大历程的轮廓，是中华民族独具特色的优秀文化传统的实证。在既往工作的基础上，依法继续评选、公布第七批全国重点文物保护单位，具有极其重要的历史意义和现实价值。

第七批全国重点文物保护单位评选会

一、确定、公布全国重点文物保护单位是我国文物保护的重要基础工作

自 1961 年国务院颁布《文物保护管理暂行条例》、创立分级保护的文物保护单位制度以来，公布文物保护单位逐步发展成为文物保护工作中一项极其重要的基础工作。在这 50 年里，这些珍贵的文物保护单位与我们的国家和人民一起，先后经历和见证了 10 年“文

革”的动荡、改革开放初期的艰辛、经济腾飞中的冲击和新世纪的巨大发展。50年来的实践已充分证明，将不可移动文物分别公布为各级文物保护单位，不仅符合我国国情和文物工作实际，而且极大地促进了我国文物保护工作。特别是由国务院将那些具有重大历史、艺术、科学价值的文物公布为全国重点文物保护单位，更充分体现对我国历史文化遗产的重视和相关决策的正确，对于继承和发扬民族优秀文化传统，宣传唯物史观，弘扬爱国主义精神，增强民族凝聚力，促进经济社会的全面发展，提升国家文化软实力等，都具有十分重要的意义。同时，公布全国重点文物保护单位也是对地方各级政府和广大民众保护文物的宣传和教育，提高了全民保护文物的责任感和自觉性。作为一项重要的基础工作，第七批全国重点文物保护单位的评选和公布，不仅是既往工作的延续，也是在新时期对现有基础工作的不断充实和丰富，必将促进我国文物保护制度的进一步完善和发展。

二、确定、公布全国重点文物保护单位是加强文物管理、保障文物安全的重要手段

当前，我国进入经济社会快速发展时期，文化遗产事业获得了前所未有的迅猛发展，也面临着前所未有的严峻挑战。文化遗产保护与经济和城乡发展的矛盾凸现，文化遗产事业处于挑战与机遇并存的关键历史时期。特别是随着城市化进程的加快，大量文物古迹遭到房地产开发、不文明施工的威胁和破坏，法人违法的现象日益增加，盗窃盗掘古遗址、古墓葬造成的损失也非常严重。在这种严峻形势下，再确定新一批全国重点文物保护单位，将有利于各级政府和全社会依法加强对重要文化遗产的保护，规

范对文化遗产的管理和利用，有效避免建设性破坏的发生，加大打击文物犯罪的力度，并以此为基础加强对文物的保护和管理。确定为全国重点文物保护单位的文物古迹不仅具有了受法律严格保护的法律地位，而且还要纳入有计划的、科学的和法制的管理之中，依法划定保护范围，树立保护标志，建立保护档案，设立保护机构，编制保护规划，制订维修保护计划，从而为其科学研究和合理使用奠定了科学的基础，确保中华民族优秀传统文化遗产完好地代代相传，并长久发挥作用。

三、确定、公布全国重点文物保护单位是新时期新形势下我国经济社会文化发展的客观需要

改革开放30年来，特别是进入新世纪的10年来，我国经济高速发展，社会文化巨大变化，广大民众的精神文化需求快速增长。这其中，也离不开文化遗产事业所发挥的重要作用和所产生的良好社会、经济效益。另一方面，我们也应该清楚地看到，我国的全国重点文物保护单位总体上数量偏少，还不能完全满足民众精神文化需求这一客观事实。大家都知道，在世界四大古代文明中，只有中华民族的文明得到不间断的延续发展，而埃及、印度等国由中央政府管理的文物古迹却远远超过我国。我国广袤土地上文物古迹遗存十分丰富。据目前第三次全国文物普查的统计结果，全国已知的不可移动文物有80多万处。而全国重点文物保护单位目前却仅有2352处，与我国文明古国的历史地位及现存文物数量不相适应，也无法满足广大民众不断发展、不断提高的精神文化需求。随着我国改革开放的不断扩大，综合国力的不断增强，精神文明建设不断取得新进展，各级政府及广大民众文物保护的积极性空前提高，文物保护工作不断取得新的成绩。我国列入《世界遗产名录》的文化遗产数量快速增加，就是我国文化遗产事业发展的一个集中体现，在世界上产生了很好的影响。在这种形势下，由国务院再次公布一批全国重点文物保护单位，不仅是全国人民文化生活中的一件大事，是我国文化建设的一项重要成就，同时也可以再次向国际社会表明我国政府对于保护文化遗产的高度重视和坚强决心，这对于增强民族团结，促进经济发展和社会进步，振奋民族精神，都将起到积极作用，具有很强的宣传导向意义。

四、确定、公布全国重点文物保护单位是新形势下我国文化遗产事业不断发展的内在需求

近十年来，我国文化遗产事业发生了翻天覆地的变化，文化遗产保护概念不断扩大，保护理念不断深化。在文化遗产的保护要素方面，从重视单一文化要素的遗产保护，向同时重视由文化要素与自然要素相互作用而形成的“混合遗产”“文化景观”保护的方向发展；在文化遗产的保护类型方面，从重视“静态遗产”的保护，向同时重视“动态遗产”和“活态遗产”保护的方向发展；在文化遗产的保护空间尺度方面，从重视文化遗产“点”“面”的保护，向同时重视“大型文化遗产”和“线性文化遗产”保护的方向发展；在文化遗产保护的时间尺度方面，从重视“古代文物”“近代史迹”的保护，向同时重视“20世纪遗产”“当代遗产”的保护方向发展；在文化遗产的保护性质方面，从重视重要史迹及代表性建筑的保护，向同时重视反映普通民众生活方式的乡土建筑、工业遗产、老字号遗产等“民间文化遗产”保护的方向发展；

在文化遗产的保护形态方面，从重视“物质要素”的文化遗产保护，向同时重视由“物质要素”与“非物质要素”结合而形成的文化遗产保护的方向发展。在这种情况下，乡土建筑、工业遗产、20 世纪遗产、人口较少民族文化遗产、文化景观、文化线路等文化遗产不断涌现，大大突破了原有文物保护的概念和范畴。因此，重新认识人类社会复合系统中的现有资源，不断丰富文化遗产的内涵和外延，是新的时代文化遗产保护的内在需求和根本任务所在，也是广大文物工作者所肩负的重要任务。在第七批全国重点文物保护单位的评选工作中，应进一步关注这些文化遗产类型，大胆尝试对新型文化遗产的保护。而新型文化遗产最终公布为全国重点文物保护单位，也必将极大地丰富和完善我国文化遗产的内容和体系，必将进一步推动和深刻影响着我国今后一个时期各项文化遗产保护工作的开展。

文昌会文镇林宅传统建筑

第七批全国重点文物保护单位评选是一项地方各级政府、文物部门及社会各界都非常关心、关注的工作。希望各位专家密切联系工作实际认真思考，在评选工作中体现保护文化遗产与经济社会发展相结合，与维护国家统一、民族团结相结合，与关注民生、改善民生、保障民生相结合，与开展爱国主义教育相结合的重要精神，本着实事求是、公平、公正的原则，做好第七批全国重点文物保护单位评选工作。同时希望各位专家特别是老专家们注意劳逸结合，保重身体。我相信，经过各位专家的共同努力，第七批全国重点文物保护单位评选工作一定会取得圆满成功，让我们以文化遗产保护的新成果，共同开创文化遗产事业的新局面。

在第七批全国重点文物保护单位专家评选会第二次全体会议上的报告

（2010年10月11日）

今年7月19号，我们组织召开了第七批全国重点文物保护单位第一次评选大会，正式启动了第七批全国重点文物保护单位的专家评选工作。两个多月来，来自各行各业、各个领域的专家们不辞辛苦，牺牲大量日常休息时间，认真审阅每处申报材料，部分专家还冒着酷暑赴现场进行复核。今天，专家们在百忙之中抽出时间，参加第七批全国重点文物保护单位的第二次全体大会，充分体现了大家对文化遗产保护工作的高度重视和大力支持。在此，我代表国家文物局向各位专家的到会表示热烈的欢迎，向两个多月来各位专家的辛勤工作表示衷心的感谢。

新中国成立以来，国家十分重视文物保护工作。从1961年开始，国务院已分六批公布了2352处全国重点文物保护单位。国家及各级地方政府投入大量的人力物力，对这些全国重点文物保护单位进行了大规模的抢救保护，取得了显著成效。实践证明，公布文物保护单位是加强文物保护的一项行之有效的重要制度，有效保护了大批珍贵文物。而全国重点文物保护单位在经济社会发展中所产生的社会效益和经济效益也日益显著，发挥着无法替代的重要作用。

但是同时我们也要清醒地认识到，目前全国重点文物保护单位在数量上还是相对较少，主要表现在以下几个方面。

（1）与我国文明古国的历史地位及现存文物数量不相匹配。据目前第三次全国文物普查的统计结果，全国已知的不可移动文物有 90 多万处，而全国重点文物保护单位目前却仅有 2352 处，仅为 0.26%，数量明显偏少。

（2）与当前我国经济社会迅猛发展的形势不相适应。经济社会的快速发展给文化遗产保护事业带来了黄金发展期，但是同时也带来了严峻挑战。特别是随着城乡建设进程的加快，文化遗产保护压力空前增大，亟须依法确定、公布新一批全国重点文物保护单位，提升各级政府和全社会依法保护文化遗产的意识，满足社会公众日益增长的物质文化生活的需要。例如国家博物馆新馆、镇江运河仓库群遗址、长安街新华门对面的近代长墙的保护，都还没有依据。

（3）与当前我国文化遗产事业不断发展的内在需求不相一致。随着文化遗产外延不断扩大，内涵不断深化，工业遗产、文化景观、文化线路、20 世纪遗产、乡土建筑等新型文化遗产大量涌现，需要我们大胆探索、尝试对新型文化遗产的保护，进而丰富和完善我国文化遗产的内容和体系；一些新的保护理念和新型文化遗产的保护已经对一些城市的文化面貌产生了重要影响，例如工业遗产对于上海、抗战遗址对于重庆、近现代建筑对于长春、文化景观对于杭州、大遗址保护和考古遗址公园对于西安和洛阳、大运河保护对于大运河沿线城市等。

（4）与其他文明古国相比我们也有很大差距。例如印度由国家直接管理的文物古迹约有 5000 处；埃及由中央政府管理的文物古迹约有 20000 处；越南的国家级文物保护单位有 3000 多处。法国将近 1/6 的国土划为各类文化遗产的保护区，意大利将 48% 的国土规划为景观保护区，50 年以上的建筑都受到国家法律保护。因此，我们国家列入保护的数量和范围不是太多，而是太少。在某种意义上，这是一场没有硝烟的保护文化生态的战争，是一场激烈的空间争夺战。

文昌十八行村乡土建筑

因此，在当前我国综合国力日益增强，文化遗产保护经费迅速增长，文物保护工作得到加强和改善的情况下，尽快公布新的一批全国重点文物保护单位，争取全国重点文物保护单位数量较前六批的总和有一个显著的增长，将有着十分重要的现实和历史意义。它将再次向全世界重申我们国家对保护文化遗产的重视和关心，对于增强民族团结、振奋民族精神、促进经济社会全面协调可持续发展、提升我国文化软实力和国际竞争力，将起到积极而重要的作用。

这次会议的主要任务就是在前期专家独立评审和现场复核工作的基础上，通过分组讨论、投票得出专家评选结果，为下一步工作提供重要的参考依据。这几天的会议内容很多，任务非常繁重。我在这里谈几点意见。

（1）提高思想认识，认真完成评选工作。专家投票产生的建议名单将是国家文物局上报国务院第七批全国重点文物保护单位推荐名单的基础，是第七批全国重点文物保护单位申报评审工作的核心内容。希望各位专家要充分认识到第七批全国重点文物保护单位评选工作的重要意义，从保护和传承中华民族优秀文化遗产的高度认真对待本次评选会议，按照要求完成申报项目的评选工作，为文物保护事业做出自己的贡献。

（2）发挥专业优势，准确判定文物价值。在座的各位都是各个行业的权威专家，在各自的领域都有很深的造诣。专家在审核过程中要发挥专业优势，重点审核申报项目的文物价值，对已进行现场复核的申报项目，要充分参考和吸收专家复核意见，力求做到在评选中不漏过任何一处符合全国重点文物保护单位申报标准的文物点，也不让不符合要求的文物点混入全国重点文物保护单位序列，使遴选推荐的申报项目经得起历史和时间的检验。

（3）把握发展趋势，关注新型文化遗产。近几年来文化遗产内涵与外延的深化与拓展，要求我们进一步关注工业遗产、乡土建筑、20 世纪遗产、人口较少民族文化遗产、文化线路、文化景观等新型文化遗产。这次会议还将重点讨论大运河、茶马古道等线形文化遗产的申报工作。例如宿白先生曾呼吁西藏芒康盐井的保护。各位专家要准确把握文化遗产保护的发展趋势，进一步开阔视野，适当考虑将一些反映我国民族文化、地域文化和近现代文化生活、经济活动等方面，以往较少进入全国重点文物保护单位之列的文化遗产，列入建议推荐名单。例如新疆除了重视丝绸之路沿线的文物、佛教文物、伊斯兰教文物之外，还要重视汉民族早期在新疆地区活动的遗址、其他民族特别是人口较少民族的文物。

（4）精心组织会议，确保评选公正透明。第七批全国重点文物保护单位评选采用专家实名投票方式，这在历次全国重点文物保护单位评选过程中尚属首次，对各位专家和国家文物局来说都是一次全新的尝试。我们会按照既定分工，各负其责，各司其职，认真做好会议的组织工作。对专家评选过程中遇到的技术问题，我们将安排专人给予解决；对专家关于计票和统计方式的疑问，我们将耐心给予解答；对专家提交的电子或纸质选票，我们将进行严格保密。通过大家的共同努力，让评选工作公开、透明，让投票结果真实、可靠。

第七批全国重点文物保护单位评选工作是国家文物局今年的一项重点工作，也是全国文物系统的一件大事，一直受到各级地方政府和社会各界的广泛关注。这次评选的结果是国务院公布第七批全国重点文物保护单位的基础。由国务院公布新的一批全国重点文物保护单位，不仅对提高我国文物保护工作的水平，进一步促进文化遗产事业的发展十分必要，而且对我国进入世界文化遗产保护先进国家的行列具有十分积极的促进作用。我相信，经过各位专家和各有关单位的共同努力，本次专家评选会议一定会取得圆满成功。

在第七批全国重点文物保护单位推荐项目征求意见会议上的讲话

（2011年2月15日）

今天我们在这里召开会议，向各有关部门汇报第七批全国重点文物保护单位评选工作的进展情况，就第七批全国重点文物保护单位推荐项目征求各部门意见。

第七批全国重点文物保护单位评选、上报工作是这两年国家文物局的一项重点工作，也是全国文化遗产保护事业的一件大事，受到各级政府的高度重视，社会各界的广泛关注。各有关部门和单位都非常重视第七批全国重点文物保护单位评选工作，中宣部宣教局、中央党史研究室、中央文献研究室、住房和城乡建设部等部门和单位的有关领导、专家还受邀参与了第七批全国重点文物保护单位的评选和现场复核工作。下面，我就第七批全国重点文物保护单位申报评选工作的开展谈谈自己的看法。

我国历史悠久，人文璀璨，古迹众多。为了加强对文物的保护，继承中华民族优秀的历史文化遗产，促进科学研究工作，进行爱国主义教育，选择一批具有重大历史、艺术、科学价值的不可移动文物报国务院核定公布为全国重点文物保护单位，依法加以保护，是法律赋予国务院文物行政部门的一项重要任务和职责。国务院自1961年起已陆续公布了六批共计2352处全国重点文物保护单位（1961年第一批181处，1982年第二批62处，1988年第三批258处，1996年第四批250处，2001年第五批521处，2006年第六批1081处），分布于全国除港、澳、台以外的所有地区，其形成年代贯穿了我国远古人类产生直到现代，所表达的内容涵盖了政治、经济、军事、文化、艺术及社会生活的方方面面，勾画了中华民族形成、发展、壮大的伟大历程的轮廓，是中华民族独具特色的优秀文化传统的实证。

2006年第六批全国重点文物保护单位公布以来的五年时间里，正是我国文化遗产事业大发展，文化遗产内涵和外延不断扩大的关键时期。国家文物局组织开展第七批全国重点文物保护单位的申报评选工作，是顺应文化遗产发展趋势，在新的起点开创文化遗产事业新局面的重要举措。此次第七批全国重点文物保护单位的申报数量和经专家评选建议推荐数量均创下历次全国重点文物保护单位评选之最，充分体现了新时期我国文化遗产事业发展的新趋势，体现了全社会对文化遗产保护工作的高度重视和关注。将更多的文化遗产纳入全国重点文物保护单位的保护范畴，对于促进我国文化遗产事业的发展乃至经济、社会、文化的全面协调可持续发展，具有极其重要的历史意义和现实价值。

一、第七批全国重点文物保护单位的评选公布是新时期新形势下我国经济、社会、文化发展的必然要求

随着我国改革开放的不断扩大，综合国力的不断增强，精神文明建设不断取得新进展，各级政府及广大民众文物保护的积极性空前提高，经费投入逐年增加，文物保护工作取得了巨大的成绩，文化遗产事业在社会文化发展中所发挥的重要作用和所产生的良好社会、经济效益有目共睹。例如，以革命文物为重要内容的近现代重要史迹及代表性建筑记载了我国人民反对帝国主义、争取民族和人

民解放的伟大实践，激发了一代又一代人探求真理、为中华民族伟大复兴而奋斗的热情；西藏布达拉宫、罗布林卡和萨迦寺三大文物保护工程、西藏“十一五”重点文物保护工程、援疆文物工作等一批少数民族地区文物保护工作的开展，生动阐释了民族团结政策，是对藏独、疆独等民族分裂主义分子的最有力的反击，维护了社会稳定；保护良好的众多文物古迹，成为保证和促进我国旅游业乃至经济社会全面协调可持续发展的重要资源。据国务院发展研究中心发布的《文化遗产蓝皮书—中国文化遗产发展报告》统计，“十五”期间，占 GDP 仅 0.018% 的全国文物系统财政拨款对国民经济的贡献却达到了 GDP 的 0.143%，即国家对文化遗产每投入 1 ，产出是 8.1。

但是，我们也应该清楚地看到，我国的全国重点文物保护单位数量还难以满足民众日益高涨的精神文化需求，难以满足经济社会文化均衡发展的需要。我国作为四大文明古国之一，文物古迹遗存十分丰富。据目前正在进行的第三次全国文物普查的统计结果，全国已知的不可移动文物有 80 多万处。而全国重点文物保护单位目前却仅有 2352 处，仅为 0.0026%。对比其他文明古国，埃及由中央政府管理的文物古迹有 20000 余处；印度由国家管理的文物古迹有 5000 处左右；越南的国家级文物保护单位也有 3000 多处；法国将近 1/6 的国土划为各类文化遗产的保护区；意大利将 48% 的国土规划为景观保护区，50 年以上的建筑都受到国家法律保护。从总量上看，我国现有的全国重点文物保护单位数量偏少，与我们文明古国的历史地位及现存文物数量不相适应，也无法满足广大民众不断发展、日益提高的精神文化需求。在这种形势下，由国务院公布新的一批全国重点文物保护单位，不仅能展现我国文化建设成就，彰显我国的文化大国地位，而且更加有利于发挥文化遗产的重要作用，宣传、展示中华民族传统文化，增强民族团结，促进经济社会的健康、可持续发展。

二、第七批全国重点文物保护单位的评选公布是加强文物管理、保障文物安全的必然要求

当前，我国进入经济社会快速发展时期，文化遗产事业获得了前所未有的迅猛发展，也面临着前所未有的严峻挑战。文化遗产保护与经济和城乡发展的矛盾凸现，文化遗产事业处于挑战与机遇并存的关键历史时期。特别是随着城市化进程和新农村建设的加快，大量文物古迹遭到房地产开发、不文明施工的威胁和破坏，法人违法的现象日益增加，盗窃盗掘古遗址、古墓葬造成的损失也非常严重。可以说，文物抢救保护的任务仍很艰巨。在这种严峻形势下，再确定一批新的全国重点文物保护单位，将有利于各级政府和全社会依法加强对重要文化遗产的保护，规范对文化遗产的管理和利用，有效避免建设性破坏的发生，加大打击文物犯罪的力度，并以此为基础加强对文化遗产的保护和管理。这里有两个比较突出的例子：一是1961年公布的第一批180处全国重点文物保护单位，虽然经历“文革”浩劫，但仍能较为完整地留存至今，我国最为珍贵的一批文化遗产得到有效保护，充分体现了全国重点文物保护单位这一“护身符”所起到的重大作用。另一个例子是，2006年讨论申报第六批全国重点文物保护单位时，在第一批首都十大建筑能否列入推荐名单的问题上存在争议，最终因其建成不到50年，目前正在使用，未面临被拆毁的危险等原因，未能列入第六批全国重点文物保护单位推荐名单。然而就在当年，讨论国家博物馆改扩建方案时就出现了不同观点的激烈

交锋。有一种意见是把原有建筑全部拆除重建。但是，部分参与讨论的专家学者持反对意见。他们认为，国家博物馆深厚的历史积淀和象征意义，使其具有较高的保护价值。同时，国家博物馆已经成为天安门广场及其周边地区历史环境风貌不可分割的组成部分，所以国家博物馆的改扩建也应对这一环境给予高度尊重和保护。国家博物馆第二轮方案，确定了“三面不动”的原则，即北面、南面、西面不动，只可以向东面适当伸展，以解决使用需要，才使这组珍贵的20世纪遗产避免了彻底消失的厄运。此次评选工作中，像江苏镇江宋元粮仓遗址、南京大报恩寺遗址、西藏芒康盐井等一批推荐项目，目前直接面临着在经济开发建设所带来的破坏威胁，希望通过全国重点文物保护单位的申报公布，得到有效保护。

确定为全国重点文物保护单位的文物古迹不仅具有了受法律严格保护的法律地位，而且还要纳入有计划的、科学的和法制的管理之中，依法划定保护范围和建设控制地带，树立保护标志，建立“四有”档案，设立保护机构，编制保护规划，制定保护维修方案，从而为其科学研究和合理规范利用，促进当地经济社会发展奠定了坚实的基础，确保中华民族优秀传统文化遗产完好地代代相传，并长久发挥作用。

三、第七批全国重点文物保护单位的评选公布是我国文化遗产保护内涵和外延不断发展的必然要求

近些年来，我国文化遗产事业发生了翻天覆地的变化，文化遗产保护理念外延不断扩大，内涵不断深化。一是在文化遗产的保护要素方面，从重视单一要素的文化遗产保护，向同时重视由

文化要素与自然要素相互作用而形成的“混合遗产”“文化景观”保护的方向发展。二是在文化遗产的保护类型方面，从重视“静态遗产”的保护，向同时重视“动态遗产”和“活态遗产”保护的方向发展。三是在文化遗产的保护空间尺度方面，从重视文化遗产“点”“面”的保护，向同时重视“大型文化遗产”和“线性文化遗产”保护的方向发展。四是在文化遗产保护的时间尺度方面，从重视“古代文物”“近代史迹”的保护，向同时重视“20世纪遗产”“当代遗产”的保护方向发展。五是在文化遗产的保护性质方面，从重视重要史迹及代表性建筑的保护，向同时重视反映普通民众生活方式的“民间文化遗产”保护的方向发展。六是在文化遗产的保护形态方面，从重视“物质要素”的文化遗产保护，向同时重视由“物质要素”与“非物质要素”结合而形成的文化遗产保护的方向发展。

在这种情况下，乡土建筑、工业遗产、人口较少民族文化遗产、文化线路、文化景观、20世纪遗产等新型文化遗产大量涌现，方兴未艾，大大突破了原有文物保护的概念和范畴。因此，重新认识人类社会复合系统中的现有资源，不断丰富文化遗产的内涵和外延，是新时期文化遗产保护的内在需求和根本任务所在。这次拟向各部门征求意见的推荐项目中，新型文化遗产占有一定比例，比如北京首都钢铁厂工业遗产、云南红河哈尼梯田文化景观、少数民族村寨中的乡土建筑等。而新型文化遗产最终公布为全国重点文物保护单位，也必将极大地丰富和完善我国文化遗产的内容和体系，必将进一步推动和深刻影响我国今后一个时期内各项文化遗产保护工作的开展。

今年是我国“十二五”的开局之年，顺利完成第七批全国重点文物保护单位的评选、上报工作，公布新的一批全国重点文物保护单位，对于我国文化遗产保护事业的发展将发挥重要作用。希望在座的各位，一如既往地关心和支持第七批全国重点文物保护单位的评选和上报工作，能够按照要求在规定时间内向国家文物局反馈对推荐项目的意见。我们将在汇总各单位反馈意见的基础上，形成最终第七批全国重点文物保护单位推荐名单，上报国务院核定公布。

箬箕村海岛传统渔村

关于加快启动全国国有可移动文物普查的提案[①]

（2011 年 3 月）

文物是中华民族悠久历史和灿烂文明的物质见证，是构建和谐社会不可或缺的宝贵资源。我国的国有博物馆（纪念馆、美术馆）、考古研究所、档案馆、图书馆，以及众多的国有企事业单位、部队、驻外机构等国有单位保管着种类繁多、数量丰富的可移动文物。这些宝贵的国有可移动文物，是文物中的精华和重要的国有资产，承载着突出的历史、艺术、科学价值和社会教育内涵，是传承优秀传统文化，传播科学文化知识，构建中华民族共有精神家园，促进经济社会和谐发展，提高民众生活品质，促进国际文化交流和人类共同发展的重要载体。

据统计，截至 2009 年年底，仅全国文物系统保管的可移动文物总量达 2671 余万件（套），其中国家一级文物 5 万余件（套），全年举办展览 1.6 万项，参观人数达 4.3 亿人次。由于数量浩繁且分布广泛，以及隶属关系复杂等原因，国有可移动文物一直存在着底数不清、状况不明、保护不力等问题，成为影响文物安全、限制文物社会功能发挥、制约我国文物事业科学发展的重要瓶颈。

① 此文为在全国政协十一届四次会议上的提案，联名提案人：詹祥生　王霞　王川平　王书平　王立平　王兴东　龙瑞　田青　冯英　尼玛泽仁　朱乐耕　仲呈祥　刘敏　杜滋龄　李素华　杨力舟　吴玉霞　宋春丽　宋祖英　张健　张海　张会军　张国勇　张学津　阿拉泰　陈力　陈醉　陈祖芬　林文增　赵维绥　侯露　姜昆　秦百兰　耿其昌　夏燕月　徐翔　郭瓦加毛吉　董良翚　于魁智　马博敏。

开展可移动文物普查，建立文物调查和登录制度是世界各国为有效保护文物、加强文化遗产领域的国有资产管理而普遍采用的重要手段。法国于上世纪 60 年代就开展了被称为“大到教堂，小到汤勺”的第二次文物大调查，建立起每件文物详细、明确、标准化的资料和说明，进一步摸清了法国文物资源的基本情况，使一些具有重要价值的文物免于损毁和遗失。意大利将全国文物登录、编目设定为长年开展的经常性工作。依据意大利有关法律，该国所有的国有、公有文物，重要的私有文物，都要在国家文物行政部门进行登录并编目。并且随着文物登录编目工作开展的不断深入，其服务社会、服务大众的目的越来越突出，服务方式和手段也越来越丰富多样。美国、日本等国也都建立了定期文物调查制度。

新中国成立以来，我国先后于 20 世纪 50 年代、80 年代和本世纪初开展了三次全国范围的不可移动文物普查工作，对古遗址、古墓葬、古建筑、石窟寺及石刻、近现代重要史迹及代表性建筑等六大类不可移动文物的数量、分布、特征、保存现状、环境状况的基本情况进行调查登记，建立起系统完整的档案，为不可移动文物的保护发挥了巨大推动作用。在可移动文物方面，我国也做过部分调查工作，如 2001 年至 2010 年，财政部和国家文物局开展了针对文物系统馆藏一、二、三级珍贵文物的文物调查及数据库管理系统建设项目，完成了全国 31 个省（区、市）2677 个文物收藏单位 166 万件 / 套馆藏珍贵文物的数据采集和登录工作。但是调查项目范围仅限于文物系统博物馆所收藏的珍贵文物，不包括一般文物和参考品，也不包括行业博物馆。由于各方面条件限制，我国始终没有开展过针对可移动文物的全国性大规模普查。

“十二五”期间，在我国开展集中统一的国有可移动文物普查，有利于全面掌握、科学评价可移动文物保护现状及其发展趋势，为国家制定文物事业发展战略和规划，构建科学有效的文化遗产保护体系提供科学依据；有利于全面建立和完善国有可移动文物档案和信息管理系统，加强文化遗产领域国有资产的监督与管理；有利于推动文物藏品数字化，促进文化遗产信息资源共享，提升公共文化服务水平，使文化遗产在国民经济和社会发展总体布局中发挥更大的作用。目前，国家开展的第三次全国文物普查和针对馆藏珍贵文物的“文物调查及数据库管理系统建设”已基本完成，为开展国有可移动文物普查奠定了良好基础。

为尽快开展国有可移动文物普查，全面摸清文物家底，实现国有文物资源的有效保护和合理利用，建议如下。

请国家财政部会同国家文物局就开展国有可移动文物普查进行深入研究，将国有可移动文物普查作为我国国情国力调查的重要组成部分，列入国家“十二五”重大项目计划，尽快建立专项资金并启动相关工作，予以强力指导和财政支持。普查工作应依照国家统计规范和要求，实行全国统筹规划，统一部署，分步实施，标准化管理，并在“十二五”末期完成，向社会公布普查成果。

在“文物调查及数据库管理系统建设项目”总结会议上的报告

（2011年6月16日）

历时十年，凝聚各级文物博物馆单位、数万文物工作者的辛勤汗水，取得丰硕成果的“文物调查及数据库管理系统建设项目”圆满完成，为即将启动的国有可移动文物普查奠定了标准、队伍、数据、管理等方面的坚实基础。今天，我们在这里隆重举行“文物调查及数据库管理系统建设项目”总结大会，回顾工作历程，发布建设成果，交流工作心得。

文物调查及数据库管理系统建设项目总结会议

一、全面认识“文物调查及数据库管理系统建设项目”的成就

我国丰富多彩的文化遗产不仅是中华民族悠久历史和灿烂文明的真实见证，也是我们发展经济、传承优秀文化、构建和谐社会必不可少的宝贵资源。随着我国综合国力的不断增强、广大民众对于文化生活需求的日益增加，国家高度重视博物馆事业发展，逐年加大政策与财政保障力度，博物馆事业进入一个全新的快速发展期。2001 年，为认真贯彻落实“保护为主、抢救第一、合理利用、加强管理”的文物工作方针，财政部、国家文物局联合启动了“文物调查及数据库管理系统建设项目”，旨在以数字化手段调查、完善我国文物、博物馆领域的国情资料，切实摸清馆藏珍贵文物家底，做好国有文物资产清产核资，建立文物信息管理系统，为各级政府及有关部门及时、准确地掌握文物保护管理情况，切实加大文物保护和经费投入力度，充分发挥文物资源的价值和作用，提供科学依据和技术支持。

本项目由财政部和国家文物局联合成立文物调查项目领导小组，各省相应成立文物和财政部门组成的省级工作领导小组和工作机构。项目自 2001 年在山西省启动，经历了试点、试点推广、全面推广三个阶段，历时十年，覆盖全国 31 个省、自治区、直辖市，取得以下重要成果。

（1）基本摸清文物博物馆系统馆藏珍贵文物家底。本次调查项目以馆藏珍贵文物为主要对象，共完成 1660275 件 / 套馆藏珍贵文物数据采集，其中一级文物 48006 件 / 套，二、三级文物 1612269 件 / 套，并采集一般文物数据 137 万余条。拍摄照片 3869025 张，录入文本信息 3.05 亿字，国家文物局数据中心接收数据总量

15.16TB，基本厘清全国文物系统馆藏珍贵文物家底。项目采集的每条文物数据均包括名称、时代、类别、级别、质地、尺寸、质量、来源、入藏时间、完残状况、特征描述、保存条件、保护优先等级等不少于 28 项指标及必要的影像信息，在内容、数量、质量、保管方式、管理利用等方面，都比以往有较大突破，大大丰富完善了文物事业基础信息资料，为文物信息统计、保护修复、研究管理、交流合作、遗失追索等提供了科学、准确的依据，也为国家掌握及保护、利用文化遗产资源，科学规划文物博物馆事业发展，切实保障文物领域重点国有资产安全创造了基础条件。

（2）初步形成文物博物馆信息标准规范和应用软件体系。“调查项目”制定了包括项目管理、工作规范、技术标准三大类 10 多项规章制度和标准规范，建立健全了以数据采集、管理为中心的适应数字化技术要求的标准规范体系，保证了项目科学、有序、高效进行，有力推进了馆藏文物管理的标准化工作，为文物博物馆行业相关标准的制定打下坚实的基础。同时，原有一些博物馆行业标准，如《博物馆藏品信息指标体系规范》等，通过文物调查项目的实施，得到了有效推广和普及，实现了馆藏文物的登记管理的统一化、规范化和标准化。

（3）组建了文物博物馆信息化专业机构。通过“调查项目”，在全国建立了一支高素质的信息化人才队伍，摸索出一套文物博物馆信息资源建设和管理的有效模式。2006 年，经中编办批准，国家文物局成立国家文物局数据中心，专门从事馆藏文物信息数据存储和管理，山西等 17 个省（区、市）建立了省级文物信息（资料）中心，其余的也依托省级博物馆或其他文物博物馆单位开展数据存储和管理工作；内蒙古、黑龙江、河南、广东、广西等省（区）的部分地市还成立了地市级文物信息化工作机构。陕西省通过馆藏文物调查和数据库建设项目的实施，建立了陕西文物信息中心、搭建了文物博物馆信息专网、在全省范围内实现了文物藏品信息的动态管理。根据文物博物馆系统信息化专项调研结果，截至目前，40%的省级文物博物馆单位有信息化工作机构，比2006年增长了10个百分点。在所有的信息化机构中，2001年以后成立的占90%，2005年以后成立的占66%以上。

同时，文物调查项目也搭建起了文物系统思想观念更新的平台和人才队伍锻炼培养的平台。全国共有2677个文物收藏单位的近万名文物博物馆工作者参与到文物调查项目之中，共举办各类培训200余次，基本做到了全员培训考核上岗，培养起一支数千人的信息化专业工作队伍。85%以上的信息技术人员具有大专或以上学历，30%具有中级以上职称，具有硕士或硕士以上学历的占9%，全行业计算机应用水平和信息化知识普遍得到提高。

（4）文物藏品数据资源利用能力和效用不断提升。各单位在调查项目的带动下，不断加大文物藏品数据资源研究和利用能力建设，研发各种藏品管理和应用软件，自主研发和合作研发的软件数量、质量大幅提高，涌现了首都博物馆、南京博物院、上海博物馆、敦煌研究院等一批具有较强研发实力的文物博物馆单位。通过普查成果的研究应用，文物藏品的信息资源得以充分利用。国家文物局数据中心提供的数据，为《国家文物博物馆事业发展“十二五”规划》的编制以及有关项目的规划与执行提供了支撑。“调查项目”直接带动了各项基础工作，提升了馆藏文物的科学研究和利用水平。

二、积极评价“文物调查及数据库管理系统建设项目”的重要作用

文物调查与数据库管理系统建设项目的成功实施，是新时期条件下，财政系统和文物系统通力合作，在文化遗产领域贯彻落实科学发展观的具体措施，是共同推进文化遗产事业可持续发展的重大工程,对我国文物保护与管理能力建设产生了深远影响和积极作用。

（1）更新了文物信息化观念。多年来，由于资金不足、设备陈旧、人员知识结构不合理以及工作对象的特殊性，文物博物馆行业的管理理念和手段相对落后。文物数据库管理系统和信息网络的建立，改变了传统思维方式和工作方法，解放了生产力，增加了行政管理和社会服务工作的透明度和公信度。广大文物博物馆工作者积极学习新知识，掌握新技术，以信息技术的工作理念，探索馆藏文物的现代化管理模式，并在文物数字化建设实践中，不断解放思想，更新观念，利用现代信息化手段管理文物工作的理念日益深入人心。

（2）加强了文物保护能力建设。通过建立数据库系统，准确、全面、完整地记录文物保护信息，动态掌握每一件文物的保存和受损状况，采取针对性保护措施，可以最大限度地减少文物损毁、保障文物安全。同时，为文物的合理利用、科研工作提供开放的平台，实现资源整合和效益最大化。陕西省利用“调查项目”建立的信息管理系统，有效实现对全省文物藏品的管理和对外展览的审批，建立博物馆网络信息平台，促进了博物馆资源共享，拓展了管理手段，提高了文物保护、管理、利用能力。

（3）提高了行政管理水平。文物信息资源建设，为依法加强文物行政管理和财政监督奠定了基础。财政部门能够及时掌握文物

基础数据，为财政决策、部门预算审核、经费支出和资金使用管理等提供可靠依据。可以将财政支出管理的措施和要求，通过快捷的技术手段贯彻、应用到文物部门和文物博物馆单位，提高资金使用效益。各级文物行政部门依托数据库，科学决策、统筹规划、区分重点、规范管理，有利于全面提高执政能力。

（4）有效实现文化遗产传播的内容、形式、手段创新。通过文物调查，建立大规模、高质量的文物数据库，将分散收藏的文物信息以生动的、交互的、现代化的手段集中展示出来，为社会提供丰富的科学研究和宣传教育资源，更加贴近实际、贴近生活、贴近群众，满足广大民众日益增长的文化生活需要，全面提高国民特别是未成年人的思想道德素质，在激烈的网络文化竞争中提高中华文化的国际影响力，维护国家文化主权和信息安全。甘肃省充分利用文物数据库，建设了“甘肃文物”网站，开辟“网上展览”栏目，传播文物知识，弘扬先进文化。敦煌研究院将信息技术与文物数据有机结合，虚拟展示敦煌石窟的美轮美奂，产生了极大的震撼力。

三、深入总结“文物调查及数据库管理系统建设项目”的成功经验

“调查项目”的顺利实施，得益于十年来国家及地方各级财政共投入专项资金 23712 万元，得益于地方各级领导和执行机构、文物收藏单位认真组织，得益于参与项目的文物博物馆工作者的甘于奉献和高度负责、积极实践。在各有关部门的积极推动下，经过历时十年的探索与实践，逐步摸索出了一条符合文物工作规律、适应文物博物馆行业实际的文物调查和数字化道路，为我们进一步加强馆藏文物登录管理，深化文物博物馆系统信息化工作积累了宝贵的经验。

（1）财政部门和文物部门通力合作，统筹协调的领导模式，是调查项目顺利推进的组织保障。为启动和推进“文物调查及数据库管理系统建设项目”，财政部领导给予了高度重视，在项目启动初期多次深入文物博物馆单位调研，指导项目推进；各省财政、文物行政部门领导亲自主抓，把文物调查项目作为一项重要工作任务，抽调精干人员负责项目实施；参与项目工作的有关文物博物馆单位负责人，狠抓落实，严格把关，按时保质保量完成本单位的项目工作任务，地方各级财政部门也努力筹措专项资金，为项目的圆满完成提供了有力的保障。

（2）严格要求，统一规范的项目管理方式，是“调查项目”圆满完成的质量保证。文物调查及数据库管理系统建设是一项浩繁的系统工程，全国共有上万名文物博物馆工作者直接参与了项目工作。中国文物信息咨询中心作为全国项目领导小组办公室和执行机构，承担了项目方案编制、标准研定、人员培训、质量监管、数据接收管理等繁重任务，始终与各地紧密联系、协调共进，担当好项目的中枢和桥梁。在数据采集汇总阶段，又充分发挥专业优势，对有关文物博物馆单位给予技术和人员支援，确保文物调查工作按时保质完成。各省文物行政部门分别根据项目特点，结合本省实际情况，制定工作制度，规范工作流程，把各项任务落到实处。编制了从馆藏文物信息的采集著录、安全维护、业务审核到数据报送等各个环节的技术标准和业务规范，有效地保证了馆藏文物的信息分散采集、批量合成、逐级入库、有效利用，保证了项目成果的质量。

（3）广大干部职工积极探索，勇于创新，无私奉献的精神，是调查项目不断完善的根本源泉与动力。参与项目工作的广大文物博物馆工作者，秉承了吃苦耐劳、甘于奉献的优良传统，以极大的热情、无畏的勇气和高度负责的态度，积极投身项目工作，涌现出了许多可圈可点的感人事迹。为了顺利完成项目工作，新疆维吾尔自治区文物局专门成立了由文物、影像、计算机等方面专业人员组成的区级采集专家组，跨越新疆的天山南北各地州、市、县开展数据采集工作；四川博物院、重庆中国三峡博物馆均克服了各种困难，从各个部门抽调了大量工作人员脱岗参与数据库工作；青海省文物工作者，克服玉树地震带来的各种不利影响，想方设法加快工作进度，确保了本省珍贵文物数据采集、报送工作的如期完成。正是广大文物博物馆工作者的辛勤耕耘和无私奉献，才换来了项目工作今天的喜人成绩。

洪水泉清真寺

郭麻日塔

四、继续深化项目成果的研究和应用，不断开创事业发展新局面

“文物调查及数据库管理系统建设项目”历时十年，广大文物博物馆工作者忘我工作，开拓创新，不断进取，创造了骄人业绩，也留下了宝贵的精神财富。文物调查成果来之不易，我们要在已有工作基础上，进一步推动既有数据库的维护、更新和应用，结合推进国有可移动文物普查的开展，研究建立长效、动态、可持续的可移动文物登录、管理和利用平台。对于下一阶段工作安排，我提两点意见。

（一）做好调查项目成果的深化拓展

（1）加强对现有成果和数据的保存、研究、利用、展示和宣传，建立健全馆藏文物数据管理利用办法，充分借鉴目前各博物馆馆藏数据发布经验，开通馆藏文物数据查询平台，出版馆藏一级文物名录，为文物藏品管理和学术研究提供数据支撑。

（2）充分运用现代信息化手段，拓展数字化成果，努力突破馆藏文物展示在时间与空间方面的限制，实现文物保护管理、文物资源传播和利用手段的创新，向广大民众提供优质、便捷的数字化公共文化鉴赏服务，让文化遗产保护成果“最大限度地惠及全体人民”。

（3）深化馆藏文物调查项目成果，在目前已有成绩基础上，进一步拓宽信息化工作覆盖和使用范围，完善馆藏文物信息化与中心数据库建设模式，推进国有可移动文物普查和登录，建立国有文物收藏单位管理制度。

（二）做好国有可移动文物普查的准备

为全面摸清我国文物家底，加强文物的保护和管理，提高文物资源的利用效率，推进公共文化服务体系建设，国家文物局拟于2012年至2016年在全国范围内开展国有可移动文物普查，对我国国有单位收藏保管的可移动文物的数量、分布保存现状以及国有文物收藏单位现状等基本情况进行普查统计。普查范围为我国境内国有的文物收藏单位以及各政府机关、国有企事业单位等单位收藏、保存的国有可移动文物。国有可移动文物普查的组织领导方式，将沿用“三普”模式并进行适当调整，成立专门工作机构开展有关工作。目前普查主要标准制定、普查信息采集系统建设、筹备普查试点和积极争取项目立项等前期准备工作正在按计划全面推进。

各省要高度重视，将开展国有可移动文物普查作为今后一段时间内文物博物馆工作的重中之重来抓。要在充分总结“调查项目”经验基础上，利用现有的技术条件和成果，做好自查，加强调研，为普查的全面实施和开展做好技术和组织准备。

（1）加强系统内藏品清查和登记工作。请各省文物局组织专门力量，对文物博物馆系统内各博物馆、文物科研机构、保护管理机构和其他文物机构进行一次集中清查，督促各有关单位切实完成文物藏品的建档和备案工作，开展调查与统计，全面掌握系统内可移动文物保管情况。

（2）做好国有文物收藏单位调研。加强与各系统、各部门沟通，进一步了解系统外单位国有可移动文物收藏管理情况，广泛听取吸收各方面意见，为筹建国有可移动文物普查协调机制，为普查范围和方向的确定收集资料信息。

（3）开展普查试验试点。各省要选取部分具有代表性、实施条件好的国有文物收藏单位进行普查试验，为制定普查工作方案，建立有关工作规范和标准，检测普查信息采集系统，构建普查工作模型，评估普查工作保障要求做好基础工作。

具有较强专业技术基础、人员条件和组织协调能力的省文物局可扩大试点范围，进行省域或者市域试点，并编制试点工作方案上报国家文物局。国家文物局将从中选取实施条件好，具有典型性、代表性的方案作为全国普查试点重点支持方案，给予经费和技术支持。

（4）做好第三次全国文物普查的收尾工作。目前第三次全国文物普查工作已经进入到关键时期，各省要紧抓不懈，保证高质量、按时完成各项任务。在此基础上，做好下一阶段工作计划和重点安排，做好各项组织准备，为第三次全国文物普查的领导和组织体系向国有可移动文物普查的顺利转换创造条件。

“文物调查及数据库管理系统建设项目”取得的丰硕成绩已经载入史册，馆藏文物数字化的漫漫征程才刚刚开始。让我们积极探索，求实创新，努力开创文物博物馆事业信息化建设新局面，为建设世界文化遗产保护强国和中华民族共有的精神家园贡献更大力量。

在第七批全国重点文物保护单位推荐名单协调会上的讲话

（2011 年 12 月 1 日）

第七批全国重点文物保护单位推荐、遴选、审核工作是文物事业发展的重点工作之一。截至目前，各项工作进展顺利。在这里我向各位领导简要介绍一下第七批全国重点文物保护单位评选工作及推荐名单征求意见的进展情况。

根据《文物保护法》的有关规定，国家文物局于 2009 年 4 月正式启动了第七批全国重点文物保护单位推荐、遴选、审核工作。截至 2010 年年初，各省、自治区、直辖市及解放军共推荐 5573 项申报项目。为确保评选工作的科学开展，国家文物局研究制订了《第七批全国重点文物保护单位评选参考标准》，具体规定了古遗址、古墓葬、古建筑、石窟寺及石刻和近现代重要史迹及代表性建筑等不同类别的文物保护单位的评选标准。特别是近现代重要史迹及代表性建筑的参考标准，是在 2006 年中宣部与国家文物局联合制订的《全国重点文物保护单位近现代重要史迹及代表性建筑推荐标准》的基础上，尝试增加了工业遗产等新型文化遗产的评选参考标准，针对性和实用性更强。

经过充分准备，国家文物局于 2010 年 7 月至 10 月，邀请中宣部、中央党史研究室、中央文献研究室、住房和城乡建设部、中国社会科学院、故宫博物院、国家博物馆、中国人民革命军事博物馆、清华大学、北京大学、国防大学等单位的文物、考古、建筑、近现代史、革命史、党史等方面的130余位专家分别对这些申报项目进行了评审，并对部分申报项目进行了现场复核。国家文物局根据专家评审结果，确定了专家得票率过半数的3057项申报项目列入第七批全国重点文物保护单位推荐名单，随后进入征求相关部委意见阶段。

2011年2月15日，国家文物局组织召开第七批全国重点文物保护单位推荐名单征求意见会议，分别将列入推荐名单的3057项申报项目提交中宣部、中央党史研究室、中央文献研究室、发展改革委、财政部、住建部、宗教局等部门征求意见。根据各部门的意见，国家文物局对3057项推荐名单进行了调整，最后确定2904处申报项目（其中新增全国重点文物保护单位2846处，并入前六批全国重点文物保护单位58处）列为第七批全国重点文物保护单位推荐名单，再次征求各部门意见。

南京大学历史建筑

关于推荐名单总量问题。目前第七批全国重点文物保护单位推荐名单我们已根据相关部委意见从 3057 项调整至 2904 处，其中古遗址 700 处，古墓葬 247 处，古建筑 1067 处，石窟寺和石刻 171 处，近现代重要史迹及代表性建筑 705 处，其他 14 处。第七批全国重点文物保护单位推荐名单数量多，我认为有以下两个主要原因：一是由于各地文物保护意识不断加强，申报第七批全国重点文物保护单位积极性空前高涨，各级文物部门经过当地政府批准，共上报申报项目约 5600 处，是第六批申报项目数量的 3 倍多，超过前六批申报项目的总和。二是由于我国文化遗产保护的内涵和外延较以前已经有了很大的深化和扩展，工业遗产、乡土建筑、20 世纪遗产等大量新型文化遗产类型被纳入了保护的范围。申报基数的增大和申报范围的扩展造成了推荐数量的增多。

关于名人故居、烈士墓葬陵园问题。在近现代类别中，经过梳理统计，列入推荐名单的名人故居旧居共计 116 处，烈士陵园、纪念碑及墓葬共计 37 处。第七批全国重点文物保护单位推荐项目总名单和其中名人故居、烈士陵园墓葬名单以及《第七批全国重点文物保护单位评选参考标准》等材料已经分发给大家，请大家审议。

在“第三次全国文物普查百大新发现”发布会暨第三次全国文物普查百大新发现图片展上的致辞

（2011 年 12 月 23 日）

历时 5 年，凝聚着各有关部门、各级政府以及数万文物工作者辛勤汗水、取得丰硕成果的第三次全国文物普查工作已经圆满完成。今天，我们在这里举行“第三次全国文物普查百大新发现”发布会暨第三次全国文物普查百大新发现图片展，我感到由衷的高兴。借此机会，我代表国家文物局向始终关心、支持第三次全国文物普查工作的各有关部门、各级政府表示衷心的感谢！对为普查工作倾注了心血和智慧的各级文物部门、文物工作者致以崇高的敬意！

我国是历史悠久的文明古国，保护、管理、利用、传承好祖国的文化遗产，对于维系中华民族血脉，弘扬优秀传统文化，增进民族团结，振奋民族精神，促进和谐社会建设，推动人类文明进步，具有重要的现实意义和深远的历史意义。第三次全国文物普查是新中国成立后，国家组织进行的最大规模的不可移动文物资源调查工作。在国务院第三次全国文物普查领导小组的正确领导和各级政府的有力组织下，建立各级普查机构 3000 余个，投入普查工作人员近 5 万人，经过准备工作、实地调查、资料整理三个阶段，登记不可移动文物 60 余万处。

为了向社会集中展示第三次全国文物普查所取得的丰硕成

果，国家文物局决定在全国进行第三次全国文物普查百大新发现评选活动。经过31个省、自治区、直辖市普查领导机构的认真遴选、推荐，共计报送参评项目305项。中国文物报社专门组织了具有广泛代表性的评委，对各地报送的参评项目进行了仔细、认真的研究和比对，最终以投票方式选出了这100项第三次全国文物普查新发现。通过这次普查，我们可以看到，正是各级政府的高度重视，使全国各地在较短时间内及时建立普查领导机构，动员和汇集数万人参与此项工作，为普查工作的顺利开展提供了有力的组织保证；正是由于改革开放以来，我国社会经济的迅速发展，综合国力的显著提升，为普查工作的顺利开展提供了坚实的物质保证。正是普查队员辛勤的劳动，不畏艰难、栉风沐雨、客观求实、科学严谨，执著地发掘着祖国宝贵的财富，为我国文化遗产保护事业做出了不可磨灭的贡献。

通过第三次全国文物普查，我国的不可移动文物数量显著增加，我们的保护管理任务也更加繁重。我们要以加倍的努力，认真落实各项保护管理措施，提升保护管理水平，并创造条件向广大公众开放，使文化遗产保护成果惠及民众与社会。

在第三次全国文物普查工作电视电话会议上的汇报

（2011年12月29日）

按照工作要求，现就第三次全国文物普查总体工作情况和普查成果做如下汇报。

一、总体工作情况

第三次全国文物普查工作自2007年4月启动以来，各地区、各有关部门按照国务院统一部署，高度重视，密切配合，经过三个阶段近五年的艰苦努力，已按时全面地完成了各阶段的工作目标和任务。第三次全国文物普查有以下几个突出特点。

国务院第三次全国文物普查电视电话会议

（一）统一领导，严密组织

这次普查是首次由国务院统一领导的重大文物保护基础工程。为确保普查工作有序开展，国务院组建了由16个部门和单位作为成员单位的第三次全国文物普查领导小组，国务院领导同志亲自担任组长，多次听取汇报，多次做出重要批示，多次召开会议部署工作。国务院的统一领导和全面部署为普查工作指明了方向，确保了普查工作的圆满完成。

地方各级政府高度重视普查工作，及时成立普查机构，签订普查责任书。全国31个省（区、市）政府全部成立省级普查领导机构和办事机构。各省文物普查领导小组组长亲力亲为，深入普查第一线，督促工作进展，关心普查队员工作、生活情况，解决他们的实际困难。各地区的高度重视和严密组织，极大地鼓舞了普查队员的士气。

（二）密切配合，形成合力

各成员单位各司其职、各负其责、通力协作、密切配合，全力支持普查工作的开展。财政部及时落实中央文物普查经费；民政部积极做好烈士纪念建筑物保护单位文物普查和附属可移动文物鉴定工作；商务部开会发文就商务领域文物普查工作做出部署；国家测绘局先后提供了1∶100万和1∶25万比例尺全国范围电子地图作为普查成果用图；国家统计局与国家文物局积极协商普查数据的统计和发布工作；中央党史研究室、水利部主动与国家文物局沟通联系，就开展本系统普查工作进行探讨；解放军总后勤部向全军系统下发普查通知，组织培训，开展军队营区文物的专项普查。文化部、国土资源部、交通运输部、国家林业局、国家宗教局等部门，先后出台了11个文物普查政策性文件，为解决普查难点问题创造了条件。国家发展改革委、住房与城乡建设部也对普查工作给予了大力支持。

部分成员单位还专门派员参加了以普查领导小组办公室名义对有关省（市）的联合督察工作。

（三）规模空前，投入巨大

第三次全国文物普查首次覆盖除港、澳、台以外的全国范围，涉及地上、地下、水下的全部不可移动文物，规模空前。

为确保普查工作的顺利开展，中央和地方各级财政累计投入普查经费近 15 亿元，其中浙江省和广东省累计投入均超过 1.2 亿元，四川、山东、河南、山西、江苏、陕西等省份的投入也超过 5000 万元。各级普查机构科学统筹、合理配备了电脑、GPS 等必要的工作设备，确保了普查工作的顺利进行。广东、四川等省出台普查经费使用管理办法，明确了一线普查队员野外补助标准，解决人身保险等问题。针对西部地区幅员辽阔、自然条件恶劣等实际情况，新疆、内蒙古自治区积极筹措资金，配发文物普查专用车，确保了普查工作的覆盖率和到达率。

净因寺

我国地域广阔，地理条件复杂，自然环境、文化历史、经济发展差异大，文物普查需要普查工作者们跋涉千山万水，深入高山湖泊、沙漠戈壁、海角屿礁等条件恶劣的地区，了解每一处普查点的基本情况，绘制图纸，拍摄照片，再经过认真核对、审查、录入，才能生成一条基础的普查数据。

在全国文物普查工作中，全国近5万名普查工作者和专家、学者、社会志愿者参与其中，付出了极大的辛苦，克服了极大的困难，确保各阶段普查工作的顺利完成，也使普查成果的质量得到了有力的保障。2008年，“5·12”汶川特大地震对四川省的普查工作造成了重大影响，但是四川省普查办公室在进行抗震救灾和灾后重建工作的同时，不等不靠，不负使命，按时、出色地完成了文物普查各阶段工作任务。重庆市奉节县普查队员张泽权，对工作认真负责、爱岗敬业、一丝不苟，在与队友前往竹园镇无山村进行文物调查途中不幸以身殉职，年仅46岁。张泽权同志用宝贵的生命书写了一位文物工作者朴实无华的人生。正是由于全体普查队员高度负责的态度、勤勤恳恳的工作、兢兢业业的奉献，才保证了全国文物普查田野调查任务的顺利完成。

（四）理念引领，科技支撑

第三次全国文物普查恰逢我国文化遗产保护理念发展转型的关键时期，许多以往被忽视的文化遗产品类所蕴含的重要价值逐步得到认同与发掘。工业遗产、乡土建筑、20世纪遗产、文化线路、文化景观等概念不断提出，文化遗产的内涵不断深化，外延不断扩展。在普查过程中，这些新的理念得到了充分重视。各省（区、市）也结合自身实际，发挥专业优势，积极开展新类型文化遗产的专题调查。北京、天津、河北、黑龙江、吉林、山东、江西、湖北等省（市）

组织了工业遗产专题调查；湖南、云南、贵州、四川、西藏、青海、甘肃、宁夏等省（区）开展了文化线路遗产调查等。

第三次全国文物普查应用了大量的新技术、新手段，水下文物普查在我国沿海、内湖首次开展，航空遥感在新疆广袤地区取得显著成果，信息技术、网络技术、GIS平台等得到广泛的运用，极大地提高了此次普查的科技含量，使普查成果更为科学、规范，记录信息更加准确、翔实。

（五）科学普查，严控质量

第三次全国文物普查始终坚持科学精神和科学态度。在深入调查研究的基础上，制定了详细的实施方案和11项标准、规范，严格按照实施方案推进试点培训、田野调查、督察验收、资料整理、成果公布、宣传表彰等各项工作内容。

各级普查机构和广大普查队员认真贯彻执行各项标准、规范，严格控制普查质量。山西省创新“包市”专家制度，选拔熟悉古建、考古、近现代重要史迹等方面的专家，组成了“包市”专家组，负责全省11个市的文物普查专业技术指导工作。陕西省制定《陕西省文物普查数据整理指导意见》，从不可移动文物认定和计量两个方面对全省文物普查数据的整理工作提出具体要求，确保文物普查数据质量。

（六）大力宣传，有效保护

几年来，各地区、各有关部门按照《第三次全国文物普查宣传工作方案》的要求，联合广大新闻媒体，利用各种媒介，开展了广泛深入的宣传活动。各级普查机构通过策划制作公益广告片、普查成果视频、图书、电子杂志，印制宣传品、纪念证书，在报纸、杂志开辟专栏，建立专题网站，开展总结表彰活动等，全面宣传并引导社会各界参与普查工作。

在做好普查工作的同时，各地充分认识到及时抢救、有效保护新发现文物的重要性和紧迫性，切实加强新发现文物的保护管理。浙江、河南、重庆、四川、云南等省（市）及时将新发现的文物点公布为相应级别的文物保护单位。浙江省通过建立联动机制，制定专项法规，提高经费投入，加强规范管理，确保新发现文物的安全；普查至今全省新公布市、县级文物保护单位 851 处。重庆市将 183 处抗战文物点挂牌保护，采取法律手段切实保护普查成果。

二、普查成果

截至 2011 年 11 月，全国 31 个省（区、市）2871 个普查基本单元的数据核定工作全部完成，普查取得丰硕成果。

此次普查共登记不可移动文物 766722 处，包括新发现文物 536001 处、复查文物 230721 处。其中古遗址 193282 处、古墓葬 139458 处、古建筑 263885 处、石窟寺及石刻 24422 处、近现代重要史迹和代表性建筑 141449 处、其他 4226 处。

此次普查共制作电子数据包 2868 个，其中文本文件 462.1 万个、各类图纸 156.8 万幅、照片 228.1 万张，所占空间近 8 个 TB，积累了大量十分宝贵的基础资料。

一是查清了全国不可移动文物的基本家底。这次普查摸清了我国不可移动文物总量、分布、类型、年代等总体情况；查清了不可移动文物的所有权、使用情况、人文环境、自然环境等基本信息；查实了保护级别、保护状况、破坏因素等基本情况，取得了我国文化遗产资源及现状的大量基础信息和翔实数据。这次普查到达率和完成率均为 100%，误差率测算为 ±0.25%，实现了国务院第三次全国文物普查领导小组确定的目标要求。

二是掌握了当前我国不可移动文物保护的新特点。从总量看，我国登记不可移动文物总量达到 766722 处，较第二次文物普查增幅超过 200%；从增量看，新发现不可移动文物 536001 处，占到登记总量的 69.91%；从类型看，工业遗产、乡土建筑、20 世纪遗产、文化景观等一批新型文化遗产得到充分重视，在新发现文物点中占有较大比重；从科技含量看，水下考古、航空遥感、空间地理信息技术、网络技术等在文物普查中得到充分应用；从价值看，新发现和登记了一批重要文化遗产，对研究我国史前文明、古代社会及近现代的政治、经济、军事、文化等方方面面，都具有重要的意义。

龙南县沙坝围

三是促进了我国文物保护工作的能力建设。通过普查，我国各级文物机构设置得以加强和充实，文物博物馆行业从业人员的整体业务能力和工作水平得到提高，文物博物馆队伍的规模得以扩大，专业结构更趋合理，文物保护经费进一步增加，各地工作条件不断改善，文物保护基础设施、设备更趋完善，科技支撑能力明显提高，为文物保护事业的可持续发展奠定了更为坚实的基础。

四是扩大了我国文物保护工作的社会参与。这次普查得到社会各界的广泛响应，广大民众和各行各业积极参与，热爱和保护文物正在成为全社会的共识。大批的社会志愿者参与到普查工作中来。普查队每到一处，当地民众都踊跃提供线索、积极争当向导，涌现出大量感人的事迹。普查目标的顺利实现与全社会的支持和参与密不可分。

五是反映出我国文物保护工作面临的重大挑战。普查成果显示，我国已登记不可移动文物的保护状况不容乐观，其中保存状况较差的占 17.77%、保存状况差的占 8.43%。面对此次文物普查登记的大量不可移动文物，如何加强管理、妥善保护、科学研究、合理利用，对于完善文物保护法规、增强文物保护意识、加大文物保护投入、强化文物保护机构、提升文物保护能力等方面都提出了新的更高的要求。

第三次全国文物普查任务圆满完成，但是文物资源普查还有大量工作要做。可移动文物与不可移动文物构成我国文物资源的整体，我们目前正在为抓紧开展国有可移动文物普查作组织上和技术上的积极准备，并在不同系统和地区开展试点。在党中央、国务院的正确领导下，全国文物工作者将同心同德、再接再厉，为加强文物保护，建设社会主义文化强国贡献更大的力量！

在第三次全国文物普查成果发布会上的讲话

（2011 年 12 月 29 日）

文物是国家不可再生的珍贵文化资源。文物普查是一项重大的国情国力调查，是加强和改善文化遗产保护和管理的重要基础性工作。根据《国务院关于开展第三次全国文物普查的通知》，经过 5 年的努力，从 2007 年 4 月开始的第三次全国文物普查工作，已于 2011 年 11 月全面完成各阶段的工作目标和任务，取得丰硕成果。

第三次全国文物普查成果发布会

我国地域广阔，地理条件复杂，自然环境、文化历史、经济发展差异大，文物普查又不同于经济、人口等其他类型的国家大型普查工作，需要普查工作者们跋涉千山万水，深入高山湖泊、沙漠戈壁、海角屿礁等条件恶劣的地区，走进千家万户，道尽千言万语，了解每一处普查点的基本情况，绘制图纸，拍摄照片，再经过认真的核查，比对历史资料，专家审查，最后录入专用的普查采集软件，才能生成一条基础的普查数据。此次普查实现了全国 2871 个县级普查基本单元不漏行政村、自然村，普查覆盖率和到达率均突破了历史。

为了做好这项工作，全国近 5 万名普查工作者和专家、学者、社会志愿者参与其中，付出了极大的辛苦，克服了极大的困难。重庆市奉节县普查队员张泽权、浙江省青田县普查队队长单泼更是为普查工作献出了自己宝贵的生命。大批的社会志愿者，积极参与实地调查，展现出强烈的文化认同感和社会责任感。没有他们无私、忘我的奉献精神，在短短几年的时间里完成全部国土（港、澳、台地区除外）的普查工作任务是难以想象的！

刚才，国务院召开第三次全国文物普查领导小组第四次会议，全面总结了文物普查工作的成果和经验。受第三次全国文物普查领导小组委托，普查领导小组办公室和国家文物局在此向全社会郑重发布普查成果和已通过国家统计局审核的基础数据。

（1）不可移动文物总量：全国共登记不可移动文物 766 722 处（不包括港澳台地区，以下同）。

（2）数量变化方面：在全国登记的不可移动文物总量中，新发现登记不可移动文物536001处，复查登记不可移动文物230721处。新发现登记占登记总量的 69.91%。

（3）类别构成方面：古遗址类 193282 处，古墓葬类 139458 处，古建筑类 263885 处，石窟寺及石刻类 24422 处，近现代重要史迹及代表性建筑类 141449 处，其他类 4226 处；分别占登记总量的 25.21%，18.19%，34.42%，3.19%，18.45%，0.55%。

（4）关于登记误差：普查登记结束后，经抽样检测，登记数字符合本次普查要求。

第三次全国文物普查成果构成了一个丰富的文化资源宝藏，在协助领导机构科学决策、推动文物事业又好又快发展方面将发挥重要作用，主要体现在以下几个方面。

一是这次普查进一步廓清了全国不可移动文物家底，取得了近 77 万处不可移动文物的基础信息和翔实数据。其中包括总量、分布、类型、年代、所有权、使用情况、人文环境、自然环境、保护级别、保护状况、破坏因素等等。

二是促进了文物工作的能力建设。我国各级行政区域文物机构设置得以加强，从业人员整体业务能力全面提高，保护经费增加，基础设施、设备更趋完善。

三是拉近了文化遗产工作与社会各界的距离。普查得到社会各界的广泛响应，大批的社会志愿者参与到普查工作中来，热爱和保护历史文化遗产的观念正在成为社会的共识。

四是揭示了我国文化遗产保护工作面临的重大责任和挑战。普查的成果显示，我国已登记不可移动文物的保护状况不容乐观。改善我国不可移动文物保存状况与环境刻不容缓。此外，数量巨大的新登记文物如何加强管理、妥善保护也对我们提出更高要求。

关于加强第三次全国文物普查成果保护的提案[①]

（2012 年 3 月）

经过全国文物工作者和社会各界的共同努力，从 2007 年 4 月开始的第三次全国文物普查工作，已于 2011 年 11 月全面完成各阶段的工作目标和任务，取得丰硕成果。这次普查是首次由国务院统一领导的重大文物保护基础工程。目前第三次全国文物普查成果的基础数据已经发布，即全国共登记不可移动文物 766722 处。在全国登记的不可移动文物总量中，新发现登记不可移动文物 536001 处，复查登记不可移动文物 230721 处。

文物是国家不可再生的珍贵文化资源。文物普查是一项重大的国情国力调查，是加强和改善文物保护和管理的重要基础性工作。我国地域广阔，地理条件复杂，自然环境、文化历史、经济发展差异大。第三次全国文物普查首次覆盖除港、澳、台以外的全国范围，涉及地上、地下、水下的全部不可移动文物，规模空前，实现了针对全国 2871 个县级普查基本单元，不遗漏每一座自然村，普查覆盖率和到达率均突破了历史纪录。

第三次全国文物普查恰逢我国文化遗产保护理念发展转型的关

① 此文为在全国政协十一届五次会议上的提案，联名提案人：龙瑞 杜滋龄 郭瓦加毛吉 姜昆 董良翚 夏燕月 侯露 王川平 张柏 詹祥生 范迪安 濮存昕 赵汝蘅 吴为山 席强 滕矢初 冯小宁 张平 陈醉 阿拉泰 张廷皓 宋春丽 陈立德 耿其昌 徐翔 张国勇 张会军 张艺谋 胡振民 崔建华 刘宇一 徐庆平 杨春霞 阎维文 韩美林 覃志刚 雷元亮 金铁霖 宋雨桂。

键时期，许多以往被忽视的文化遗产品类所蕴含的重要价值逐步得到认同与发掘。工业遗产、乡土建筑、20世纪遗产、文化线路、文化景观等概念不断提出，文化遗产的内涵不断深化，外延不断扩展。在普查过程中，这些新的理念得到了充分重视。从科技含量看，水下考古、航空遥感、空间地理信息技术、网络技术等在文物普查中得到充分应用；从价值看，新发现和登记了一批重要文化遗产，对研究我国史前文明、古代社会及近现代的政治、经济、军事、文化等方方面面，都具有重要的意义。

第三次全国文物普查成果构成了一个丰富的文化资源宝藏，在协助科学决策、推动文物事业发展方面将发挥重要作用。通过这次普查摸清了我国不可移动文物总量、分布、类型、年代等总体情况；查清了不可移动文物的所有权、使用情况、人文环境、自然环境等基本信息；查实了保护级别、保护状况、破坏因素等基本情况，取得了我国文化遗产资源现状的大量基础信息和翔实数据。

通过普查，我国各级文物机构设置得以加强和充实，文物博物馆行业从业人员的整体业务能力和工作水平得到提高，文物博物馆队伍的规模得以扩大，专业结构更趋合理，文物保护经费进一步增加，各地工作条件不断改善，文物保护基础设施、设备更趋完善，科技支撑能力明显提高，为文物保护事业的可持续发展奠定了更为坚实的基础。

这次普查得到社会各界的广泛响应，广大民众和各行各业积极参与，热爱和保护文物正在成为全社会的共识。大批的社会志愿者参与到普查工作中来。文物普查人员每到一处，当地群众踊跃提供线索、积极争当向导，涌现出大量感人的事迹。普查目标的顺利实现与全社会的支持和参与密不可分。

第三次全国文物普查任务虽然圆满完成，但是文物资源普查还有大量工作要做。这次普查揭示出我国文物保护工作面临的重大责任和挑战。普查成果显示我国已登记不可移动文物的保护状况不容乐观，其中保存状况较差的占 17.77%、保存状况差的占 8.43%，改善我国不可移动文物保存状况与环境刻不容缓。此外，面对数量巨大的此次文物普查登记的不可移动文物，如何加强管理，妥善保护，科学研究，合理利用，对于完善文物保护法规，增强文物保护意识，加大文物保护投入，强化文物保护机构，提升文物保护能力等方面都提出了新的更高的要求。为此建议如下。一是开展广泛深入的宣传，公布各地文物普查成果，使社会各界了解第三次全国文物普查，使广大民众自觉保护身边的不可移动文物。

二是切实加强文物普查成果的保护管理，特别是通过建立有效机制，提高经费投入，加强规范管理，确保新发现不可移动文物的安全。

三是及时将通过普查新发现的不可移动文物公布为相应级别的文物保护单位，通过制定专项法规，采取法律手段切实保护普查成果。

摸清文物家底也是抢救文物行动[1]

（2013年6月25日）

文物藏品是博物馆的生存之基、发展之本，是实现博物馆使命与目标的保证，保护好文物藏品是博物馆的社会责任，也是博物馆功能发挥的出发点。今天将“人类及人类环境的物证”作为博物馆的收藏对象，使博物馆的收藏具有更广泛的社会意义和社会使命。由于文物藏品是博物馆各项业务活动的物质基础，文物藏品的登录管理不仅直接关系文物藏品在陈列展览、科学研究等方面的作用发挥，也直接关系着文物藏品的安全。就此而言，摸清文物家底也是抢救文物行动。[1]

博物馆藏品的登记著录是博物馆的一项基本职责。通过合理、有效地登记著录，加强对文物藏品的管理和利用，一直是我国博物馆工作者不懈努力的目标。早在1914年，在张謇先生的主导下，编辑了《南通博物苑品目》，分上下二册，上册为天产部，共1870号。下册为历史、美术、教育，四部合共2973号。自然类收藏物品共占62.9%。这部《南通博物苑品目》就相当于现在的博物馆藏品总登记账。[2]

往往在博物馆藏品管理中，文物藏品编目被视为一项枯燥的工作，实际上是一门专门学问。例如已故南京博物院宋波胤副院长在其《论藏品编目》《论四部四项藏品分类》中，从博物馆藏品分类

① 此文发表于《河北文化》2013年第2期，第4页。
② 李让，李文昌：《博物馆的记忆与想象》，130页，北京，学苑出版社，2005。

的工作实际出发，提出了著名的“四部四项十进位分类法”，其方法对于博物馆藏品管理的规范化具有指导作用，对于博物馆藏品管理的数字化进程也有积极借鉴意义。①

1978 年 1 月国家文物局公布的《博物馆藏品保管试行办法》中，明确规定了博物馆藏品总账和藏品档案的登记方法。1986 年 6 月文化部发布的《博物馆藏品管理办法》，又对博物馆藏品的登记著录规则进行了细化。其中总则第三条规定 :“保管工作必须做到：制度健全、账目清楚、鉴定确切、编目详细、保管妥善、查用方便。”

几十年来，我国的大多数博物馆都在努力建立相对完整、细致的藏品总登记账、藏品分类账和藏品编目卡片。其中藏品总登记账作为国家科学、文化财产账，各博物馆均设专人管理，永久保存。按照规定,全国博物馆的藏品总登记账实行统一的格式和登记标准，对于藏品的定名、计件、计量单位、时代、现状、来源等信息，严格按照文物行政部门制定的规范进行记录，逐项登记。

1991 年 11 月，国家文物局印发的《藏品档案填写说明》是规范著录工作的最基本依据。《说明》对档案填写的格式、文物定名、鉴定、文物总登记号、文物分类号、档案编号、时代、作者、数量、质地、色泽、用途、尺寸、重量、形状、入藏日期、征集经过、流传经历、修复、装裱、复制记录、现状记录、照片拍照等方面都做出了具体规定。并要求各博物馆根据各自的馆藏文物实际，按照统一的定义进行完善和整理，使之统一分类、统一格式和内容。

在文物藏品纸质档案登录管理方面，我国博物馆界有一套较为完善的规则。国家文物部门自 1992 年起组织专家组，对全国博物馆等文物收藏单位的一级文物藏品展开巡回鉴定和确认，共对 1417 个

① 刘毅：《关于博物馆学研究对象的思考》，载《东南文化》，2010（1），83 页。

单位的一级文物25775件（不含书画）进行确认，并完成了231个文物收藏单位的馆藏21823件一级文物的登记、备案工作，以此为契机，推动博物馆藏品保护管理更加科学化和法制化。

2002年《中华人民共和国文物保护法》修订后，规定了馆藏文物档案的备案制度，并要求国家文物部门建立一级藏品档案。其中第三十六条规定：博物馆、图书馆和其他文物收藏单位对收藏的文物，必须区分文物等级，设置藏品档案，建立严格的管理制度，并报主管的文物行政部门备案。

2003年全国馆藏文物保护工作座谈会，对馆藏文物保护、利用和管理工作进行了系统的梳理，部署以馆藏一级文物建档备案为突破口，加强文物资源调查建档工作，同时大幅度改善文物藏品保存条件、推进科技保护和现代化管理、确保文物藏品安全，促进博物馆藏品管理水平的提高。2004—2005年，国家文物部门实施了全国一级藏品建档备案项目，共完成全国文物（文化）系统博物馆46630件（套）一级藏品的纸质档案备案。

联合国教科文组织《关于保护可移动文化财产的建议》指出，应“鼓励按照专门为此目的制定的方法，尽可能详细地对文化财产系统编目和分类。这样的目录在需要确定文化财产损坏和退化时是有用的”。国际博物馆界公认，文物藏品登记著录是指博物馆根据有关标准、内部规章及惯例，对新征集或原有藏品做出恰当记录的行为。

《国际博物馆协会职业道德准则》规定：“确保博物馆临时或永久接受的一切物品得以恰当地、全面地做出记录，以利于证明出处、鉴定断代、记录状况并进行处理，是一项重要的专业职责。”准则强调“尤为重要的是此类档案记录应包括每件物品的来源及博物馆接收该物品时的状况”。国际博物馆协会登记著录委员会（CIDOC）认为，没有完整登陆的藏品不是真正意义的“博物馆藏品”。

随着信息时代的来临，越来越多的博物馆纷纷将数字技术与藏品管理相结合，开展数字化的藏品登记著录工作。2002 年法国颁布的《博物馆法》中明确规定，文物藏品清点、核对每十年要进行一次，博物馆所有文物藏品都要由清点专家或专员进行清点、登记，纳入收藏目录中。20 世纪 90 年代，我国博物馆界在延续纸质档案管理的同时，利用信息技术开展数字化藏品登记著录的尝试，故宫博物院、敦煌研究院等单位陆续建立了藏品信息管理系统。

2001 年国家文物局发布了《博物馆藏品信息指标体系规范（试行）》，包括 3 个指标群、33 个指标集、139 个指标项，涵盖了与文物藏品本体、管理和研究信息相关的各个方面。实践证明，信息化为博物馆的文物藏品保护、管理和利用提供了更为便利和有效的方式，为实现博物馆藏品科学管理提供了重要途径，这不仅是新时期博物馆事业发展的必由之路，也推动了博物馆在管理理念、管理手段等方面的深刻革命。

2001 年，国家文物局与财政部经过认真调研，决定开展“文物调查及数据库管理系统建设项目”，即利用信息化手段在全国文物博物馆系统开展文物资料调查工作，建立文物系统人、财、物综合数据库和信息网。这是一项以摸清馆藏文物家底、提高文物管理水平为基本目标，以调查馆藏珍贵文物资源、采集文物基础信息为基本形式，以数字化的影像采集技术、数据存储技术和网络技术为基本手段的博物馆领域的一项数字化基础工程。

“文物调查及数据库管理系统建设项目”，首先在山西、河南、辽宁、甘肃 4 省试点，逐步向全国推广，覆盖了全国 31 个省、自治区、直辖市。经历10年艰辛努力，于2011年6月圆满结项。作为一项覆盖全国的馆藏文物资源调查工程，一项涉及全国的博物馆业务能力提升工程，一项惠及全国的文化遗产数字化基础工程，实施10年来在采集馆藏文物数据、推进文物博物馆信息化建设等方面都取得了丰硕的成果。

在数据采集成果方面。文物调查项目的实施，促进了博物馆信息化的基础设施建设，搭建起一座博物馆信息化专业人才锻炼培养的平台，形成了一支博物馆信息化工作队伍，使利用现代信息化手段管理文物工作的理念得到普及。文物调查项目共完成1660275件/套馆藏珍贵文物数据采集，其中一级文物48006件/套，二、三级文物1612269件/套，拍摄照片3869025张，录入文本信息3.05亿字，数据总量15.16 TB，此外，还采集馆藏一般文物数据137万余条，建立了国家、省、收藏单位三级分布式文物信息存储体系。

在标准建设成果方面。为保证数据采集质量及项目实施的规范化、科学化，结合行业信息化发展需要，项目执行机构研究编制了《博物馆藏品信息指标著录规范》《博物馆藏品二维影像技术规范》《馆藏珍贵文物数据采集指标项及著录规则》等10多项数据标准和技术规范，建立了以文物数据采集、管理为中心的适合数字化技术要求的标准规范体系。同时，研发了“馆藏文物信息管理系统”，形成了一套服务于各类博物馆，集成文物信息采集、综合管理和应用服务等多项功能的软件体系。各地结合自身情况，编制了项目工作规章制度和实施标准，既确保了项目进展，也为项目成果的推广利用奠定了基础。

但是，由于“文物调查及数据库管理系统建设项目”仅完成了全国文物系统馆藏珍贵文物数据的采集工作，而对于全国各级各类文物收藏单位所保管的文物藏品状况仍然家底不清。因此，在现有基础上，在全国可移动文物普查工作中，实现以馆藏文物为核心的全文检索、统计分析等应用服务，为政府提供专业支撑，为保护科研提供科学依据，为社会公众提供信息检索服务。在文物调查项目的组织方式、工作模式、运行机制等方面，摸索出了一条符合我国博物馆工作规律、适应博物馆行业实际的文物数字化国情调查之路。

全面清理文物藏品是掌握文物藏品情况、了解文物藏品现状的有效途径，同时明确文物藏品的制作材料、工艺、目前保存的条件、适当的保存条件等情况，才能有的放矢地做好保护工作。进入新的世纪，故宫博物院制定全面清理文物藏品规划，从 2004 年至 2010 年，集中 7 年时间，对全院文物藏品及所有库房、宫殿进行全面彻底的清查和整理。此次清理文物藏品是故宫博物院历史上第 5 次清理文物藏品，也是最为彻底和全面的一次。

故宫博物院藏品 85% 以上为清宫旧藏文物和遗存。此次从原定为“非文物”“文物资料”中清理出了大量文物，使故宫博物院的文物藏品总数从过去的近百万件增加到 1807558 件，其中珍贵文物 1684490 件，一般文物 115491 件、标本 7577 件。摸清文物藏品家底的过程，也是文物信息化的过程。故宫博物院同时完成了文物藏品资料的数字化处理工作。

分析故宫博物院新增加的文物藏品，主要是把大量具有历史文物价值的资料纳入文物藏品系列。例如 22703 件清代帝后书画作品，之前认为艺术水平不高而未系统整理；过去只重视皇帝后妃的成衣，对于相当数量的衣鞋纸样和衣盒则未纳入文物藏品；还有反映清代官员觐见皇帝制度的近万件红绿头签、反映皇宫警卫制度的上千件腰牌等，过去对于这些清宫旧藏重视不足，但是这些物品也是清宫文化的重要组成部分。

此外，在此次文物清理中，首次将古籍、古建筑类藏品纳入文物管理。故宫博物院收藏约 40 万件古籍、善本，原来虽然得以妥善保存，但是并未纳入文物藏品系列进行管理。现存的明清抄、刻本，包括内府修书各馆的编纂过程中产生的稿本、呈请皇帝御览、侍刻之定本等，品类丰富，数量众多，具有较高的史料价值。

一件文物一旦通过鉴定，并决定征集进入博物馆收藏序列后，就要进行登记建档，成为公众的文化财产，从此刻起，这件普通意义上的文化物品，就上升为文物藏品，它的保护与管理就要纳入博物馆规范管理的正常轨道。同时，在文物管理系统中，文物藏品的收藏位置数据和文物档案影像等信息，得到了进一步充实完善，实现了馆藏文物的全面信息化管理。

故宫博物院将对新纳入博物馆藏品范围的各类文物，进行文物等级的认定。并将编制《故宫博物院文物藏品总目》《故宫博物院藏品大系》，通过电子本和纸制本两种形式向社会公开。其中，《故宫博物院藏品大系》精选最具典型和代表性的文物 15 万件，按照陶瓷、绘画、书法、碑帖、青铜、玉石、珍宝、漆器、珐琅器、雕塑、铭刻、家具、古籍善本、文房用具、钟表仪器、宗教文物等分为 26 编，总规模预计 500 卷。

在故宫博物院的文物藏品中，由于宫廷藏品及遗物数量巨大、种类繁多、存贮分散，以及故宫博物院成立以来历经多次社会动荡等原因，其文物藏品总数长期没有一个确切的数字。事实上，宫廷文物具有重要价值，原来众多不被重视的宫廷历史遗存、遗物也具有同样重要的意义，也是反映宫廷历史文化某些方面的实物见证。“近年来，人们对宫廷文化的兴趣与日俱增，一批曾经被‘忽略’的老物件被提拔为文物”。[①]

由此可见，文物藏品家底不清的情况，在博物馆的管理中曾经十分严重，严重制约了博物馆各项功能的发挥。经过几十年来的努力，虽然这一状况大为改观。但是，目前在博物馆的文物藏品资源管理方面，仍然有一些突出问题亟待加以解决。有关专家指出，“现在对博物馆藏品的统计数据是不可靠的，一个重要原因是许多博物馆存在大量的‘非文物’‘参考品’，有的馆甚至多达数十万件”。

上海博物馆陈燮君馆长指出，“作为国家一级博物馆的上海博物馆等级藏品12万余件，参考品80多万件。”[②]原中国历史博物馆也有从“参考品”中清理出一级文物的事例。这里等级藏品是指经过认定的文物藏品，参考品是指没有经过认定的“非文物物品”。在国家一级博物馆中尚且有如此大量的“非文物物品”，那么全国各级各类博物馆的“非文物物品”存量无疑十分巨大。

事实上，在各级各类博物馆长期保留的“非文物物品”中，隐藏着大量具有历史、科学、艺术价值的文物，甚至是珍贵文物。但是限于过去的认识水平或其他原因，而将其搁置起来，成为博物馆中的另类藏品。由于“非文物物品”，没有合理的文物藏品身份，缺乏应有的法律地位，如果进入司法诉讼程序，只能以一般物品的经济价值来进行评估。

文物藏品资源状况不清，等级不分，管理混乱等问题的存在，对有价值的馆藏文物的保护构成潜在的威胁，甚至会引发盗窃、走私的发生，而肇事者得不到应有的严厉惩处。2010年，土耳其文化部公布了专家组对于安卡拉国家油画及雕塑博物馆的清查结果。结

① 刘冕：《故宫150万件“家底”目录将公布》，载《北京日报》，2009-12-17（8）。
② 自庶：《文物认定：博物馆要先行》，载《中国文物》，2009-09-23（7）。

果显示，自1980年以来，这座建立于1927年的博物馆，作为馆藏文物的土耳其大师画作中，有至少400幅被替换为赝品或干脆消失得无影无踪，占馆藏画作总量的1/10。“此次失踪的画作中包括土耳其著名画家H.R.力萨（H.R.Riza），H.R.力萨共捐给国家441幅画作，可如今只有56幅仍然在册”[①]。但是据报道，这并非该博物馆文物藏品首次出现问题，早在1996年对其进行的一次清查中，就发现已有313幅绘画作品失踪或被赝品取代。然而，并未引起足够的注意。

在我国，2003年11月，中央电视台《焦点访谈》报道了江西省景德镇陶瓷历史博物馆文物流失的案例，该馆1989年统计记录有7800件文物藏品，而到2003年，却只有900件文物藏品，加上已从该馆分离出去的1000多件文物藏品，与当年的统计记录相去甚远，很多重要的文物不知去向[②]。还有一些博物馆藏品管理不规范。例如“去年藏于重庆市铜梁县博物馆的国家一级文物银盒突然在博物馆中失去踪影，经过13天的紧张搜索，文物执法人员翻遍了博物馆库房内的上万件文物后，最终才在一个陶罐里找到了满是灰尘的银盒”[③]。

在馆藏文物登录管理方面也存在一些技术问题。例如在馆藏文物分类方面，不同博物馆分类标准不统一，由于缺少文物分类方面的行业标准，往往同一类别的文物在不同的博物馆内，被归入不同的类型。在馆藏文物定名方面，不同的博物馆使用不同的定名方法，由于文物定名的随意性较大，同一种馆藏文物，可能出现多种定名的情况。在馆藏文物编目方面，不同的博物馆在编目项目、格式、

① 周依奇：《失职三十年 土耳其博物馆终食恶果》，载《中国文化报》，2010-04-01（3）。
② 《流失受损的文物档案》，载《中国文化报》，2010-01-22（2）。
③ 宗禾：《“保险箱”有点不保险》，载《中国文化报》，2010-01-22（2）。

书写形式等方面都互不相同，即便是同样登录卡，在项目、格式书写上差别也很大。在馆藏文物描写方面，不同的博物馆要求不一致，在实际操作过程中，描写过于简单、笼统，造成同一种文物，由于具体管理人员的理解程度不同，掌握宽严尺度不同，形成不同的描写。一些文物藏品保管人员没有经过专业知识培训和教育，专业技能不强，同时缺乏文物养护相关科技知识。

2009 年 8 月，文化部发布了《文物认定管理暂行办法》。文物认定是实施文物保护、管理、利用的前提和基础，是文物保护的重要举措。文物的科学有效管理，首先需要弄清家底，使文物保护的法律规定，具体落实到每一处、每一件文物。在文物藏品档案数字化建设中，应遵照标准化、规范化的准则，制定统一的采集、处理、存储、传输、服务等标准，提高文物藏品信息的兼容性及共享性。随着信息时代的到来，利用现代化技术手段管理博物馆藏品成为可能，高效便捷的文物藏品信息化管理越来越受到博物馆领域的关注。

文物藏品从接收开始便纳入了管理的范畴，各项环节的操作均应该是规范的、严密的、准确的，而不应该是随意的、粗略的。例如馆藏文物登记，由于文物藏品种类繁多，性质各异，没有科学规范的操作就很难保证文物藏品登记的真实可靠。每一个栏目，每一项内容都来自于管理人员对文物藏品状况的认识与内涵的把握程度，登记内容准确与否，直接关系到文物藏品的妥善保护，以及文物库房人员的岗位责任等问题。

凡是进入博物馆的文物，都必须经过严谨的接收登记的过程，这是搞好文物藏品管理的第一步。首先应进行科学鉴选，按照馆藏文物的标准，对文物藏品进行初步鉴定，确定其真伪、年代、质地等，划分等级，明确是否列入馆藏序列的鉴定意见。之后应及时做好整理移交工作，正式办理移交入库手续，还将进行文物定名、文物分类、文物编目和文物描写等，并在此基础上建立起文物藏品的档案，随时记录文物藏品动态。

一是馆藏文物定名，是科学分类、编目的前提，直接表述文物藏品的主要内容、特征，文物定名要求观点必须正确，鲜明地反映文物外在形式和本质特征，还要考虑检索要求，便于查对取用；二是馆藏文物分类，是文物管理标准化最重要的内容，即根据文物藏品的固有属性，依据文物管理与使用的特点，按照一定的原则和现行定名方法，对文物进行科学的分类，以便分别收藏；三是馆藏文物编目，是在鉴定的基础上按照规定的登录样式，对文物的内涵及外在特征诸方面所做的科学表述，做出翔实记录的全部过程，文物编目要求清楚地填写鉴定意见、科学记录摘要和流传经过；四是馆藏文物描写，是文物档案的重要组成部分，是衡量文物是否妥善保管的基本依据，文物描写要求术语使用准确、规范、概念清晰，使人们从中可以确切了解掌握文物的现状和损坏的程度。

博物馆藏品管理具有永久保存性和不可间断性。永久保存性是指，一般含义上的物品管理，都有一个物质保管的期限和管理的终结，即便是档案保管，也有永久保存和定期保存之分。但是，文物藏品的管理则不同，只要文物藏品的身份确定后，就具有永久保存的概念，它的个体身份永远不会被取代。不可间断性是指文物藏品的保护管理依据不同的质地，以及不同的价值，对所需的环境、条件、设施有不同的要求，因此在日常管理保护过程中，需要通过观察、测试、分析，用科学技术手段来加以控制，无论是在库房，还是在陈列展厅，每当文物藏品保护环境发生变化，都需要进行不间断的跟踪监测和保护。

2008年11月，美国大都会艺术博物馆颁布了《文物收藏与管理规定》，根据该规定博物馆文物保存与维护部和各分馆共同负责文物藏品的技术检查和维护,并联合制定文物藏品养护的具体措施。制定文物藏品明细账目是保证文物藏品安全的重要环节。大都会艺术博物馆不仅设有专门的目录部，而且账目由各分馆和行政事务部门交叉管理，以避免监守自盗。《文物收藏与管理规定》对文物藏品目录有细致严格的要求。不仅所有文物藏品都要有详细的登记，还要记录文物位置、保存条件、参展情况、借出及归还时间、文物状况、研究和维护情况等项内容。大都会艺术博物馆要求各分馆每日清查重点文物藏品情况，每年对所有画廊、展厅和储藏室的文物藏品进行一次彻底清查，大规模的文物藏品库房每1至5年进行一次全面清查，根据清查结果制定明细账目表以书面形式向部门主管报告。

当前，全国可移动文物普查已经全面展开。鉴于全国可移动文物普查的艰巨性和复杂性，先从国有可移动文物普查开始。国有可移动文物普查应实行全国统筹规划，统一部署，实施标准化管理。普查预期成果将主要包括建立全国国有可移动文物编码系统、建立全国国有可移动文物信息管理系统、编制全国国有可移动文物普查档案、公布全国国有可移动文物名录、编制全国国有可移动文物统计评估报告、编制全国国有可移动文物普查工作报告等内容。

所谓文物藏品信息化管理，就是在利用文物藏品管理软件完成文物藏品信息数据库建立的基础上，以网络为技术平台，进行博物馆藏品的管理和应用。利用文物藏品管理软件来管理文物藏品具有多方面的优点。一是可以实现方便快捷地进行文物藏品检索，当需要了解文物藏品的具体情况，即可按其名称、时代、质地等任意指标选项或任意组合选项进行检索，瞬间便可完成。二是利用文物藏品管理软件可实现文物藏品信息的资源共享，使查阅者不受时间和空间的限制，即时查找所需资料，有利提升文物藏品信息的利用价值，使其更好地为社会服务。三是利用文物藏品管理软件可以方便地完成文物藏品信息的更新、维护，相对于传统手段来说简单快捷。①

博物馆藏品信息著录工作，是我国博物馆界数字化建设最先开展的部分。在传统博物馆中，一些文物藏品因为年代久远变得十分脆弱，在陈列展示时必须特别注意对环境的控制，并且与观众之间要保持一定的距离，致使观众难以对文物藏品进行仔细的观察。对于极为珍贵的藏品，或者不展示，或者用复制品代替原件来展出，给观众留下无缘一睹原物风采的遗憾。这种保护与利用之间的矛盾，成为长期以来困扰博物馆的一个难题。

数字化博物馆的出现，使这一问题在一定程度上得到了解决。与传统的博物馆藏品信息著录相比，数字化藏品信息著录具有明显的优势。在数字化博物馆中，文物藏品的各种信息，包括图像、影像、声音、文字等信息，利用多媒体技术有机地结合起来，使观众能够较为全面地了解文物藏品所反映的文化信息。

藏品信息管理系统关于藏品信息著录的项目，包含名称、质地、年代、来源、登记号、鉴定等数十项比较齐全的信息，例如影像信息，要求拍摄立体文物藏品图片，突破以往只有正面照片的情况，丰富了文物藏品档案影像资料。与此同时，以藏品的总账、保管账、影像账、研究账的业务管理为基础，实现博物馆征集收录、藏品编目、媒体采集、保护修复、保管管理等基本业务的自动化和规范化管理。

① 刘翔：《博物馆藏品的信息化管理》，载《中国文物报》，2010-05-05（6）。

面向不同层次、不同专业的用户提供专业检索、全文检索、图像内容检索、统计分析、资产评估等手段。为博物馆内部管理和专家用户提供采编、检索、管理和系统监控工具，相比传统的资料查询，不仅可以防止文物藏品的丢失、损坏，还可以便捷地研究、利用馆藏文物，有效地减少所需花费的时间和精力，方便文物藏品管理和专业研究，克服目前博物馆文献、档案等资源得不到有效利用和共享的弊端。

2007年8月，国际博物馆协会对博物馆定义进行了修订，即“博物馆是一个为社会及其发展服务的、向公众开放的非营利性常设机构，为教育、研究、欣赏的目的征集、保护、研究、传播并展出人类及人类环境的物质及非物质文化遗产”。这个定义更加强调博物馆的开放性，强调博物馆文化与公众日常生活的密切联系。事实上，“信息不对称”存在于日常生活的很多方面，在博物馆领域的主要表现，是公众对于文物藏品缺乏了解，因此而产生陌生感和距离感。

作为公共文化机构的博物馆，伴随着社会的发展，它的价值也日益为社会所认知，它的道德形象日益受到社会的关注。“信息不对称”将导致博物馆研究、宣传、教育等社会职能低效。博物馆“为社会及其发展服务”的责任，要求博物馆调整与社会公众之间的关系，进一步做出开放性承诺。这是服务理念的转变，更是服务态度的转变。博物馆社会责任的履行情况如何，既取决于博物馆自身努力，也取决于社会监督，社会监督机制对于博物馆功能的发挥具有重要影响。

2013年1月，故宫博物院在摸清文物藏品家底的基础上，向社会公布了首批18大类文物藏品的目录，并陆续公布全部文物藏品的目录，在博物馆文物藏品公开方面迈出了坚实的一步，取得良好的社会反响。通过相关实践和经验说明，公布文物藏品目录是博物馆履行社会责任的一项行之有效的途径和方法。博物馆对文物藏品负有妥善保管、科学保护、整理研究、公开展出和提供使用的社会责任，向社会公布藏品目录对于博物馆履行社会责任具有重要意义。

第一，公布藏品目录有利于推动博物馆藏品管理水平的提升，为科学化、规范化管理奠定坚实基础。实现藏品的“账物相符”是公布藏品目录的先决条件。必须实现博物馆全部文物藏品的“账、卡、物”核对，以此保证藏品数字的准确性和完整性。同时，为确保目录信息的科学性，博物馆必须不断补充完善藏品的各项基本信息，并保证信息的规范统一。这些工作将极大提升博物馆工作人员的业务水平，完善藏品管理机制，从而带动博物馆藏品管理能力和水平的大幅提升。

第二，公布藏品目录是充分发挥博物馆服务社会功能的必然要求。近年来，随着我国经济的快速发展，社会公众精神文化方面的需求日益增长,对了解、鉴赏博物馆丰富的文物收藏有着强烈的诉求。为此，博物馆要体现自身价值，谋得发展，必须积极适应社会发展的需要，突破传统相对保守的理念，多形式、多层次地服务于社会，使广大民众了解博物馆藏品的奥妙，更好地为各界人士观赏、研究等不同需求提供便利。

第三，公布藏品目录有利于博物馆接受社会公众的监督，是对国家、民族负责任的表现，具有“以昭公信”的意义。博物馆藏品是中华民族文化的重要载体和历史缩影，是国家的重要文化财产，对它们的保护时刻牵动人心。博物馆和各界人士为保护藏品的安全和世代流传付出了巨大的努力。博物馆有义务积极接受来自社会各方面的监督，以不辜负社会民众的重托。公布藏品目录，正是把祖先遗留下来的珍贵遗产置于全体社会公众监督之下的具体措施。